C'EST MON
LIVRE DE COLORIAGE
Pour enfants de 4 à 8 ans

110 pages et 21,59 x 27,94 cm

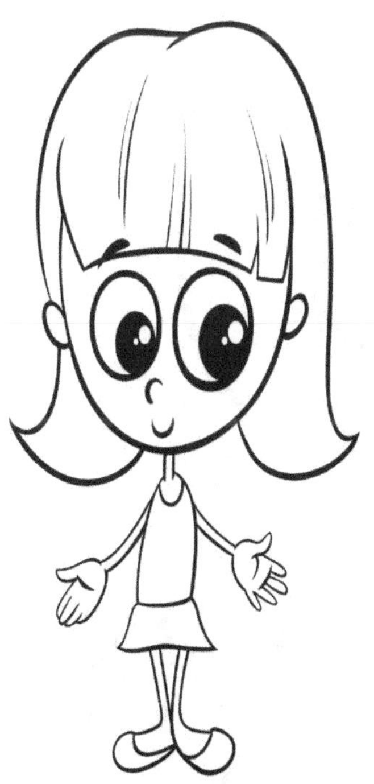

Ce livre appartient à :

… … … … … … … … … … … … … … … … …

… … … … … … … … … … … … … … … … …

… … … … … … … … … … … … … … … … …

… … … … … … … … … … … … … … … … …

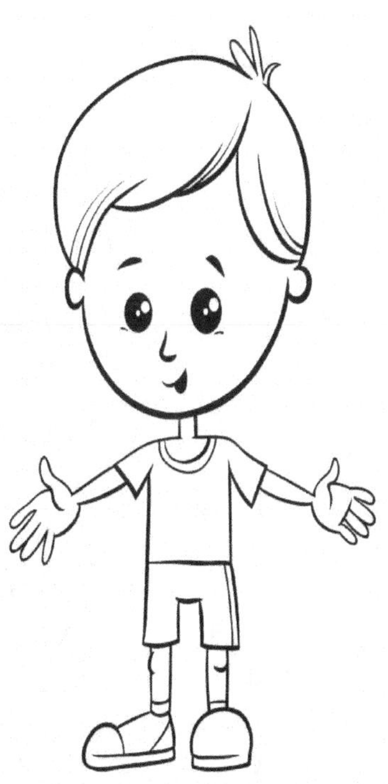

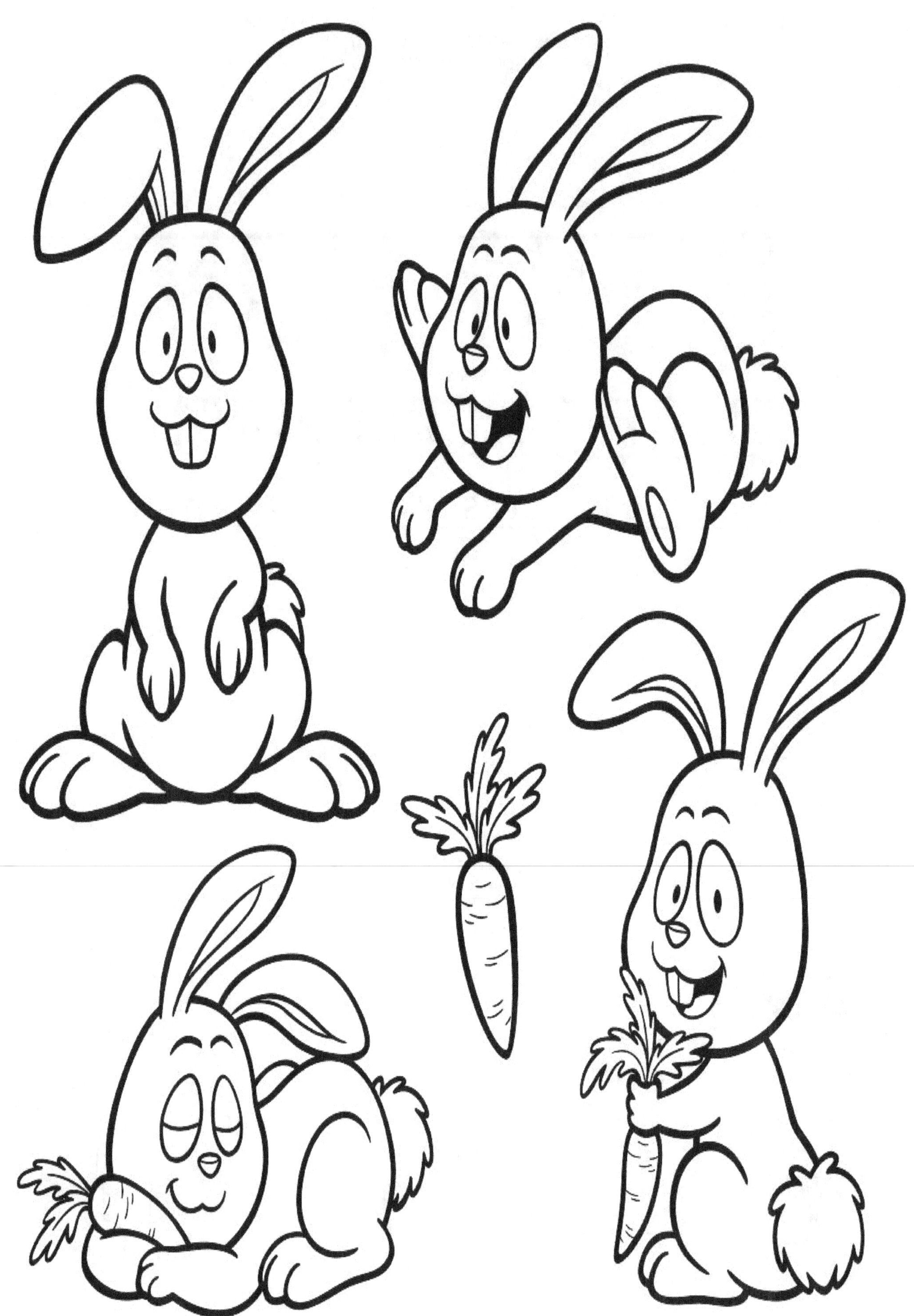

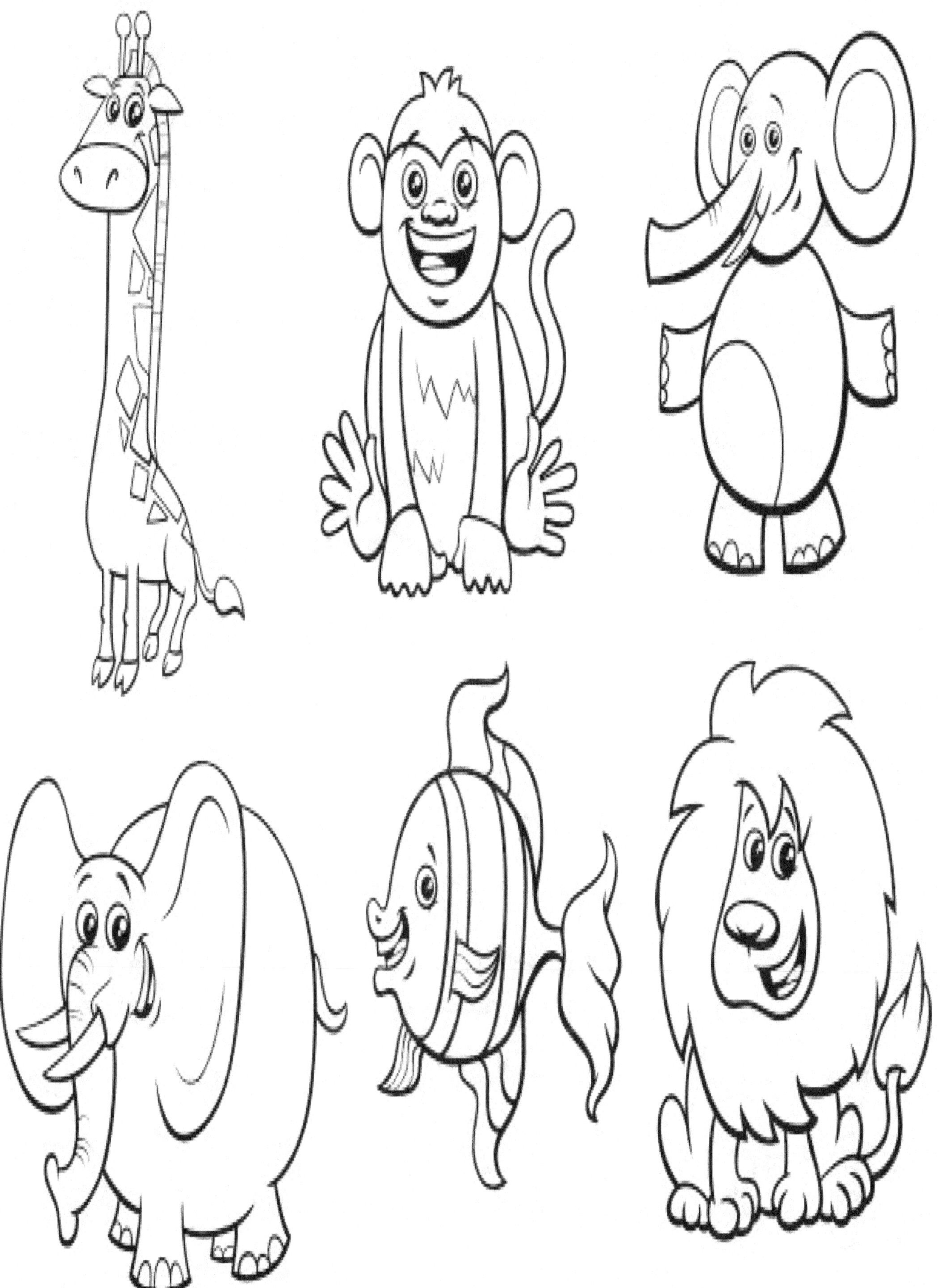

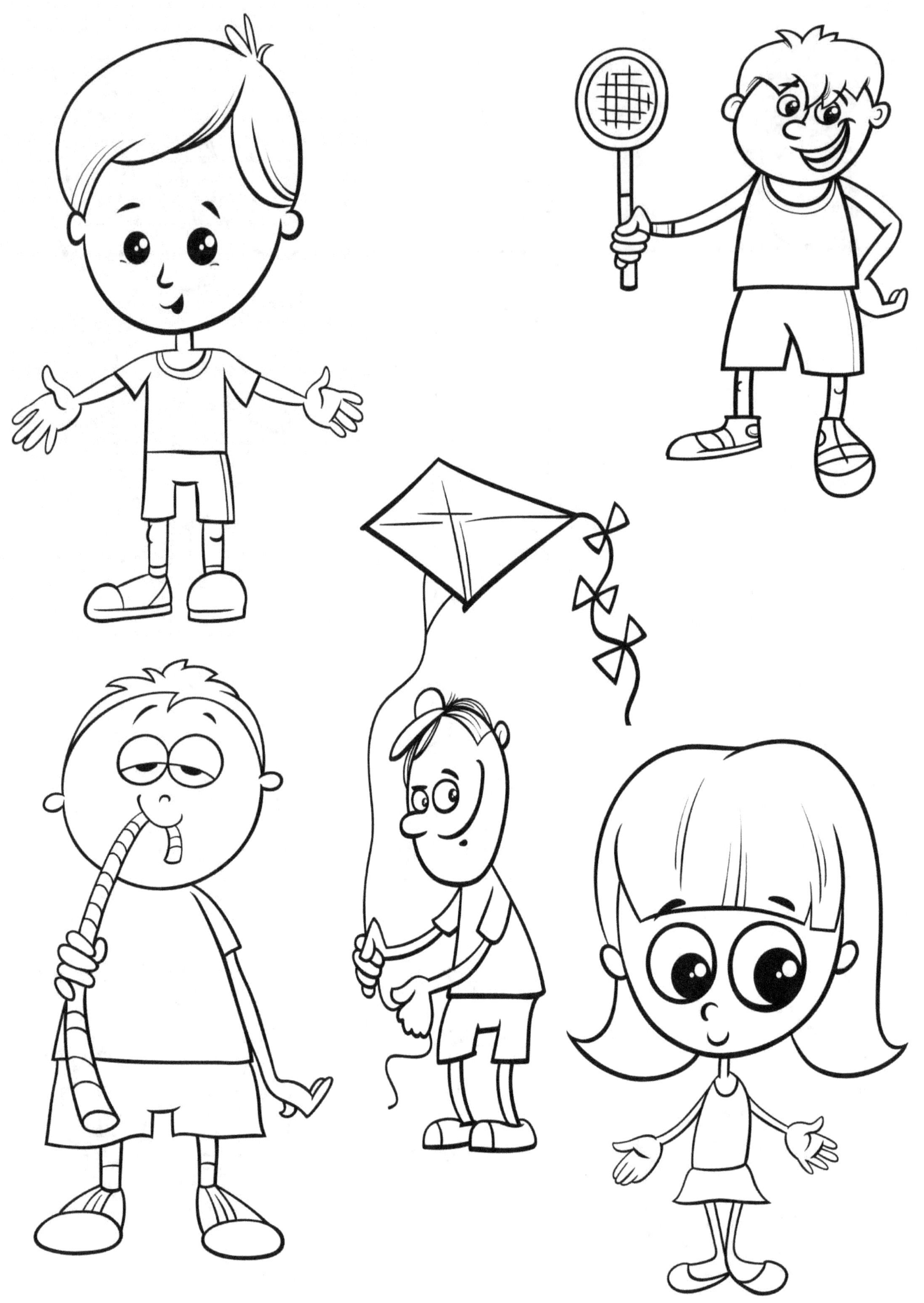

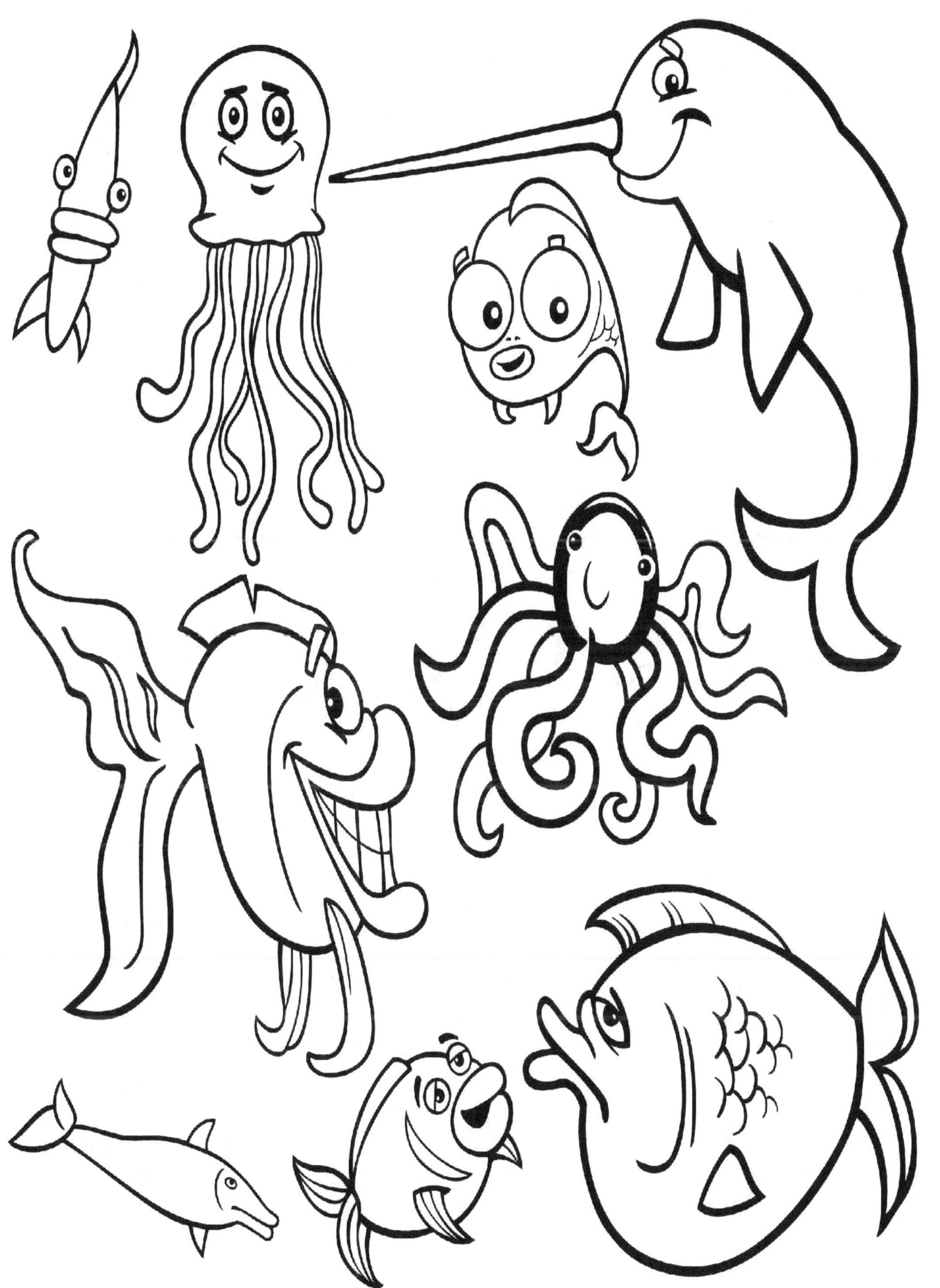

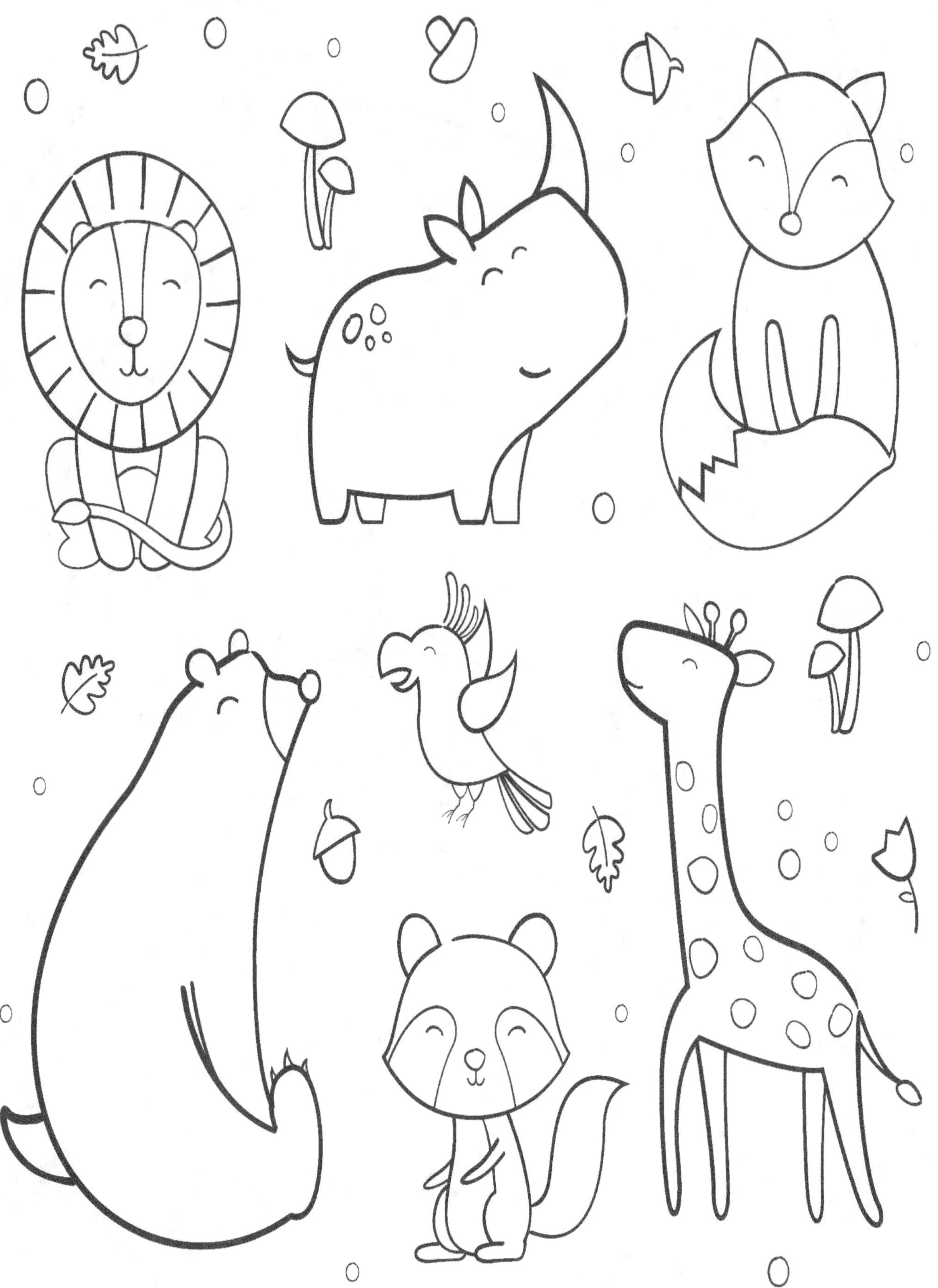

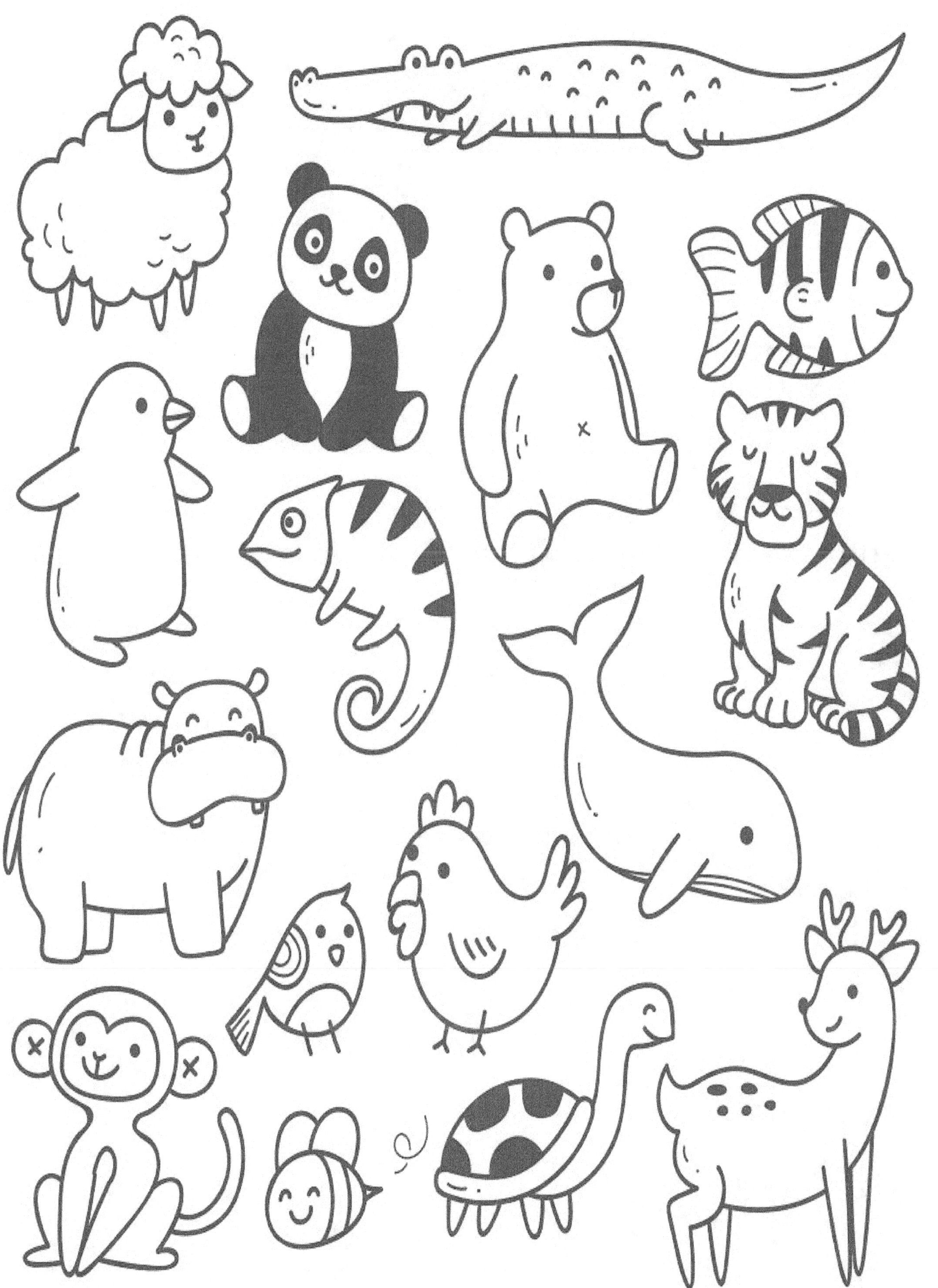

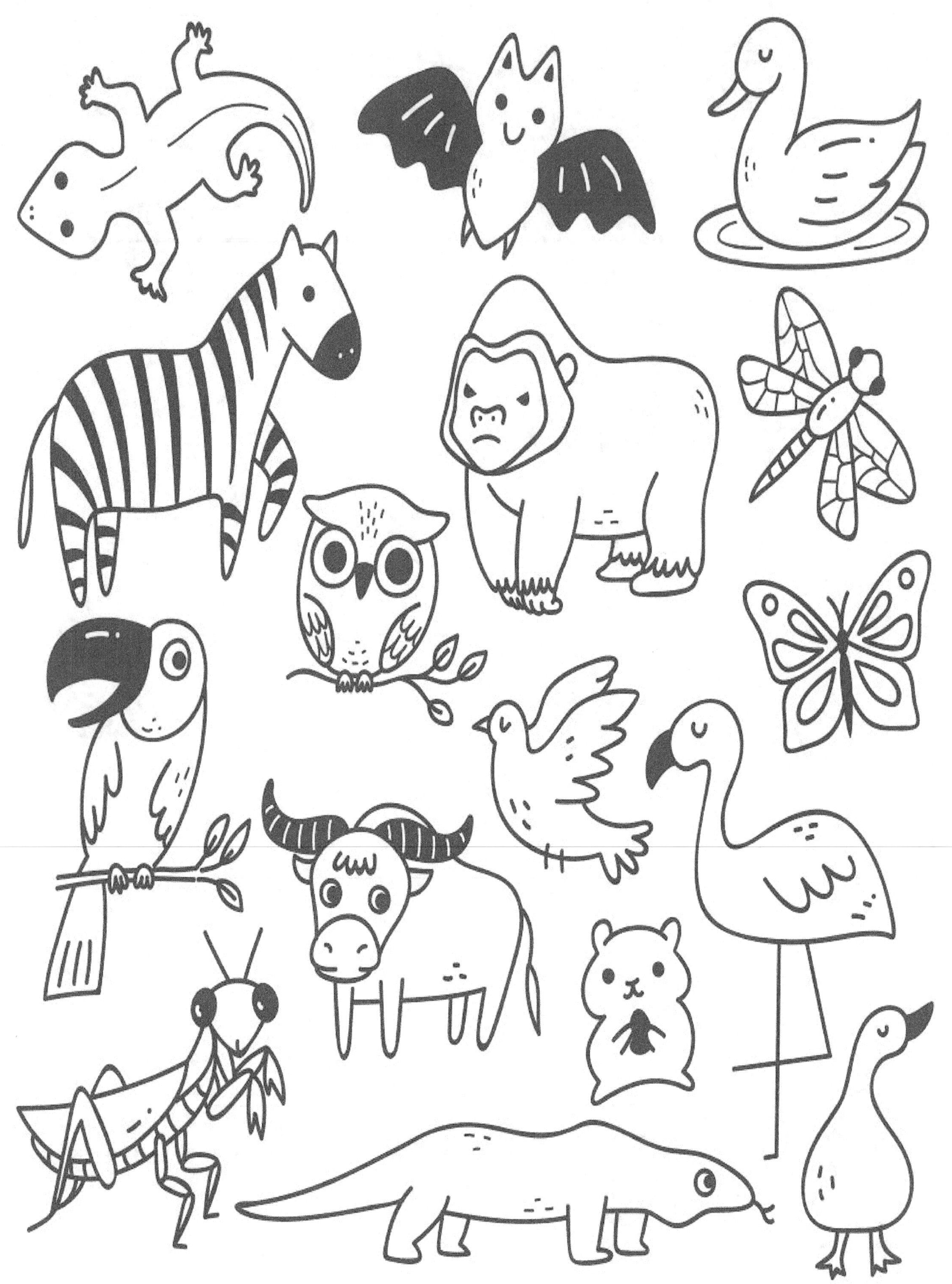

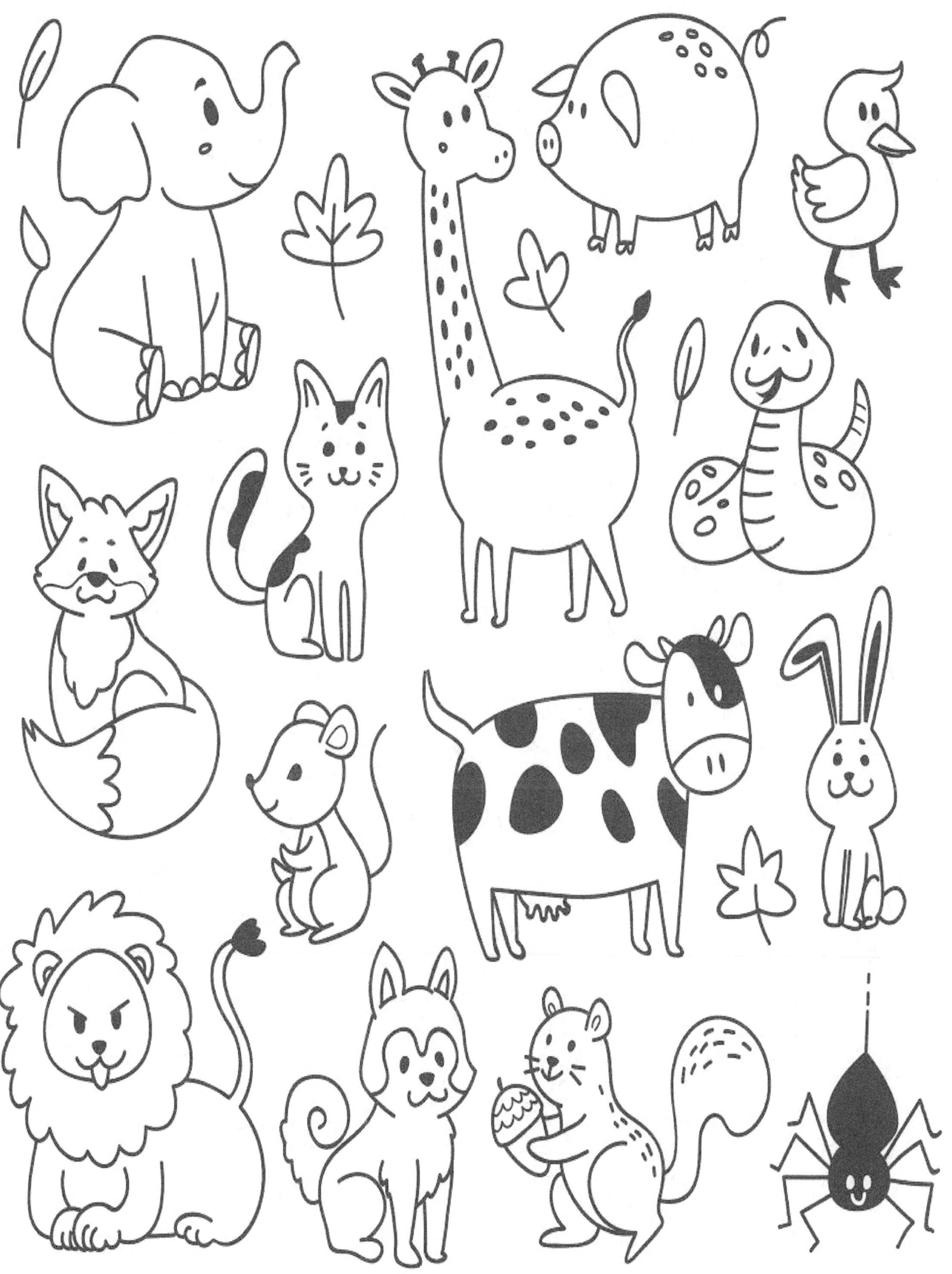

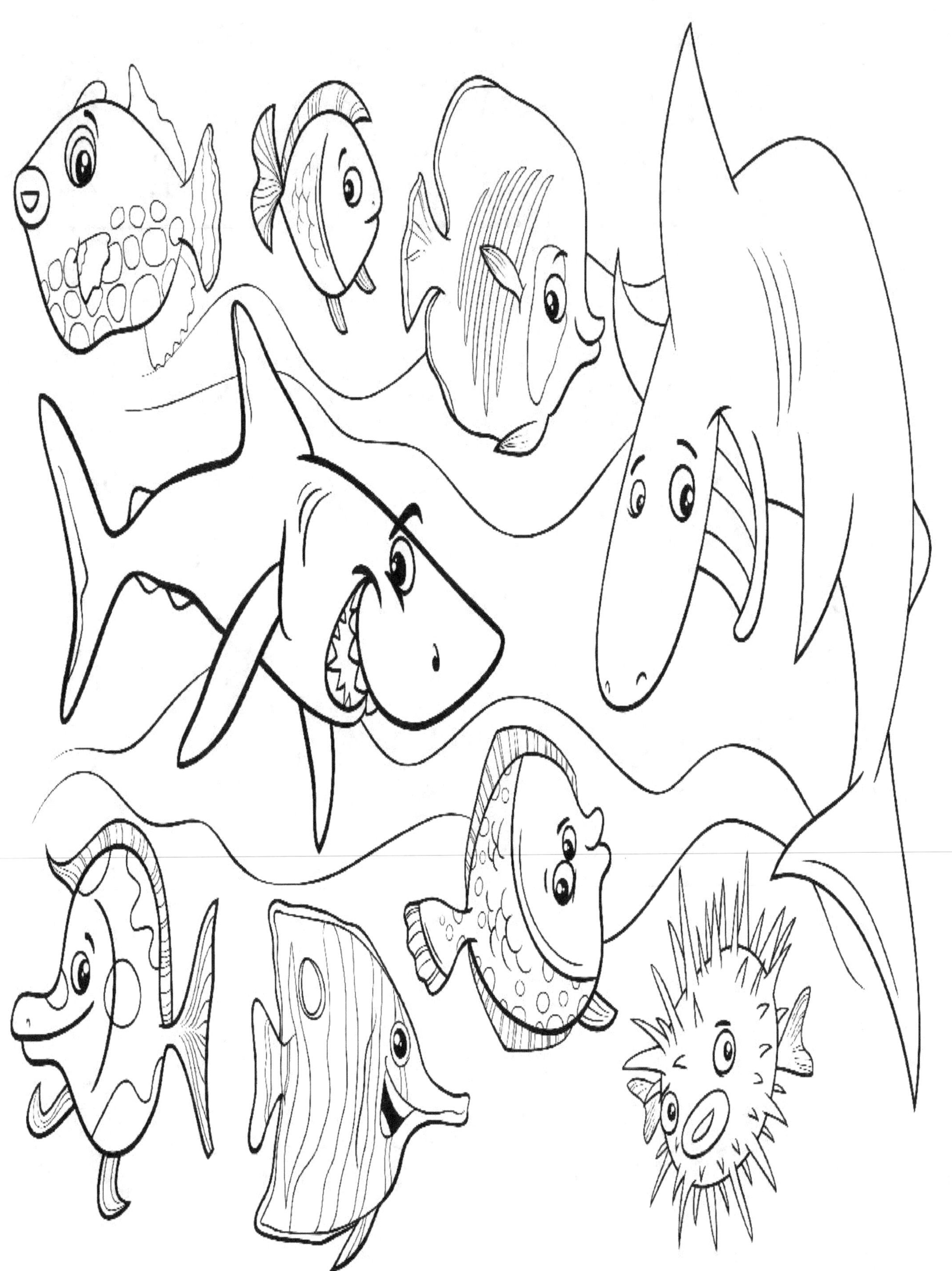

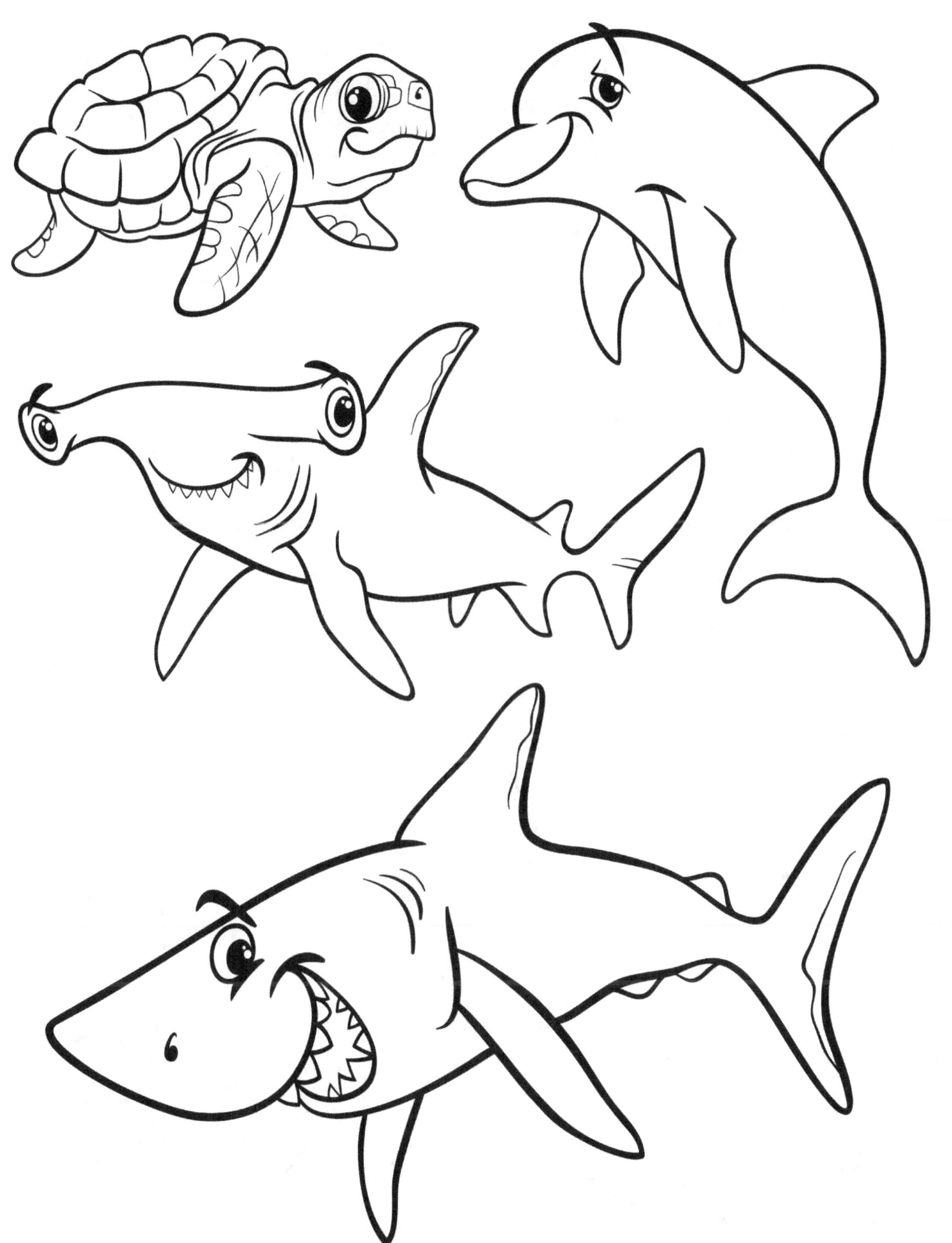

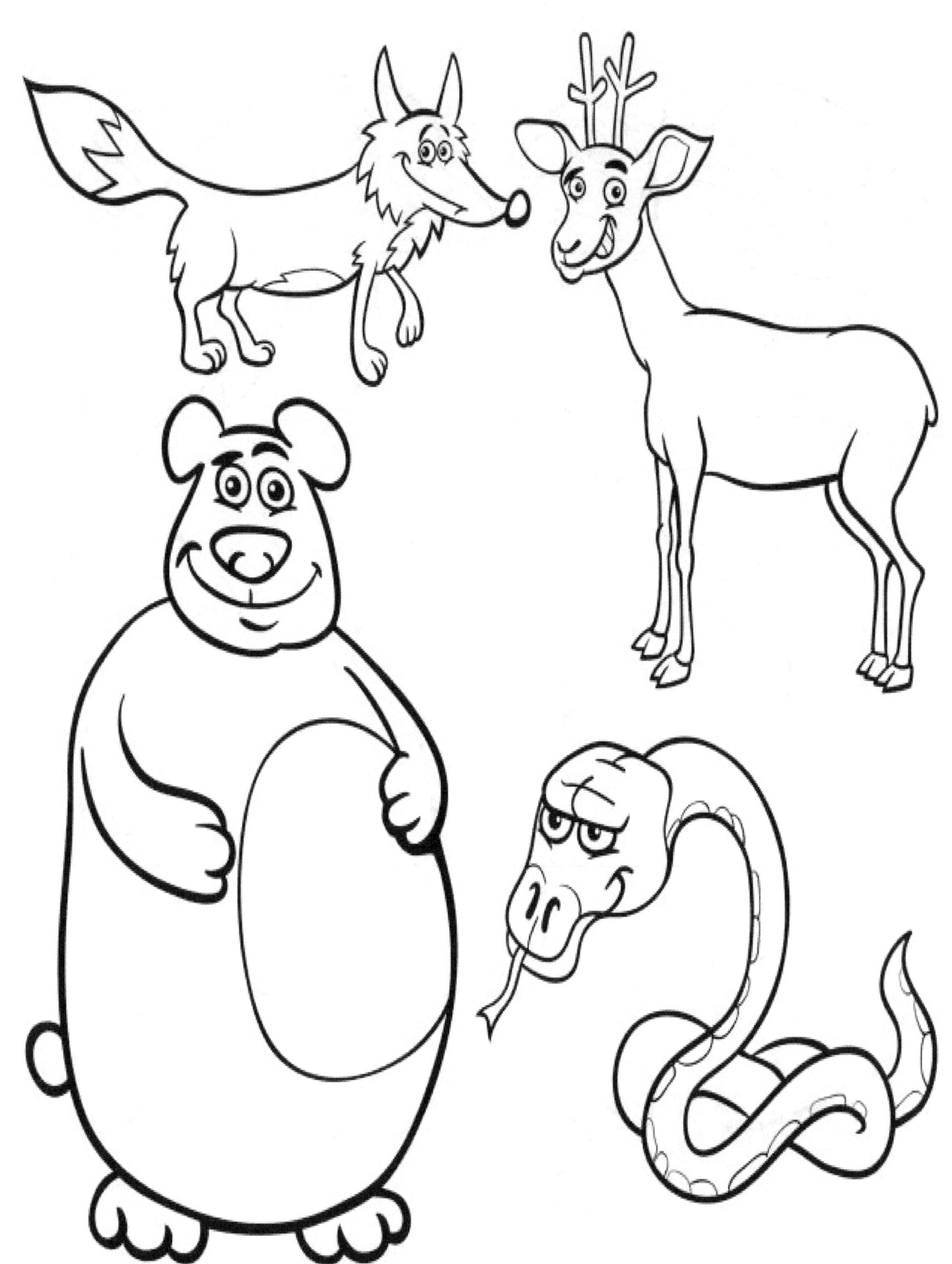

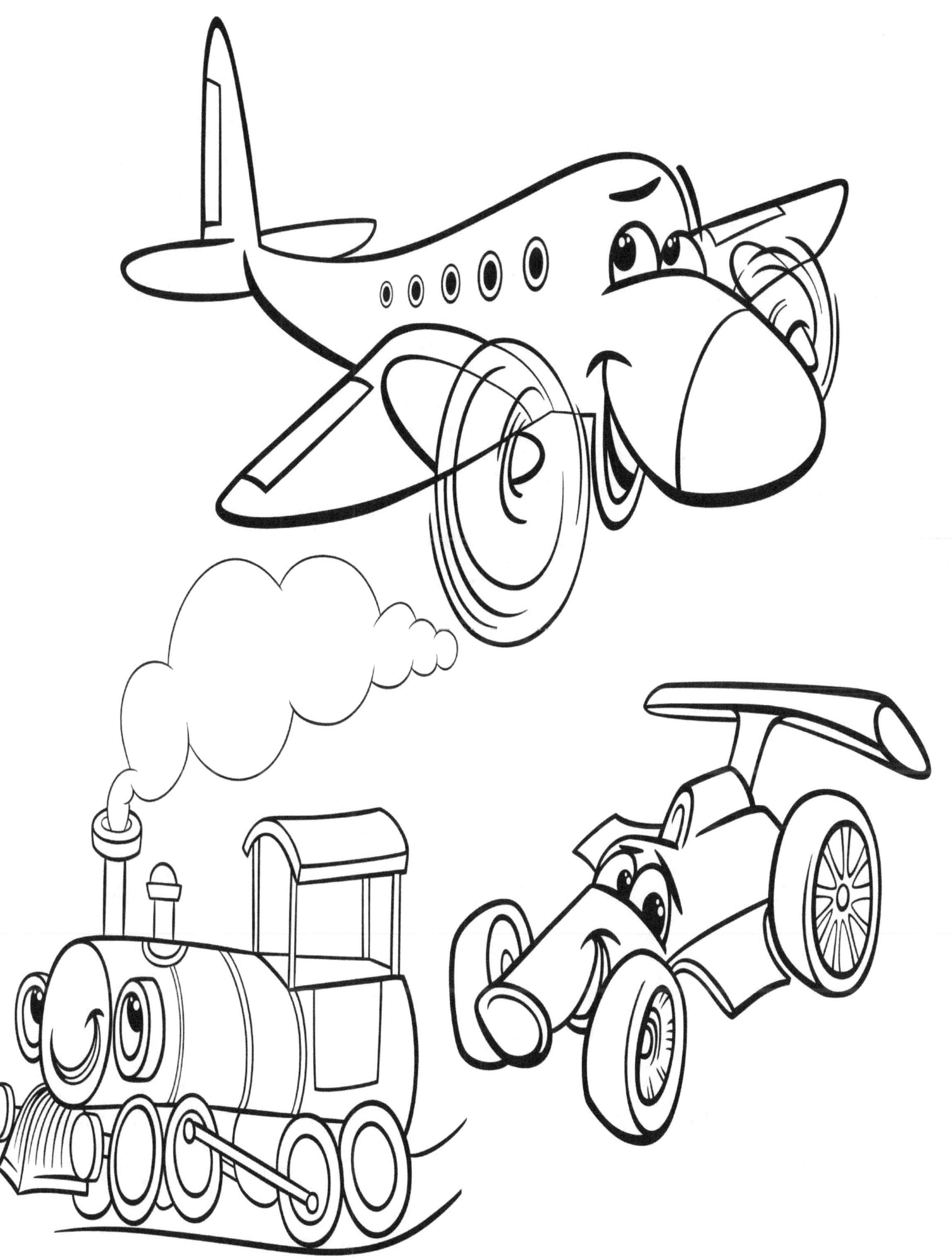

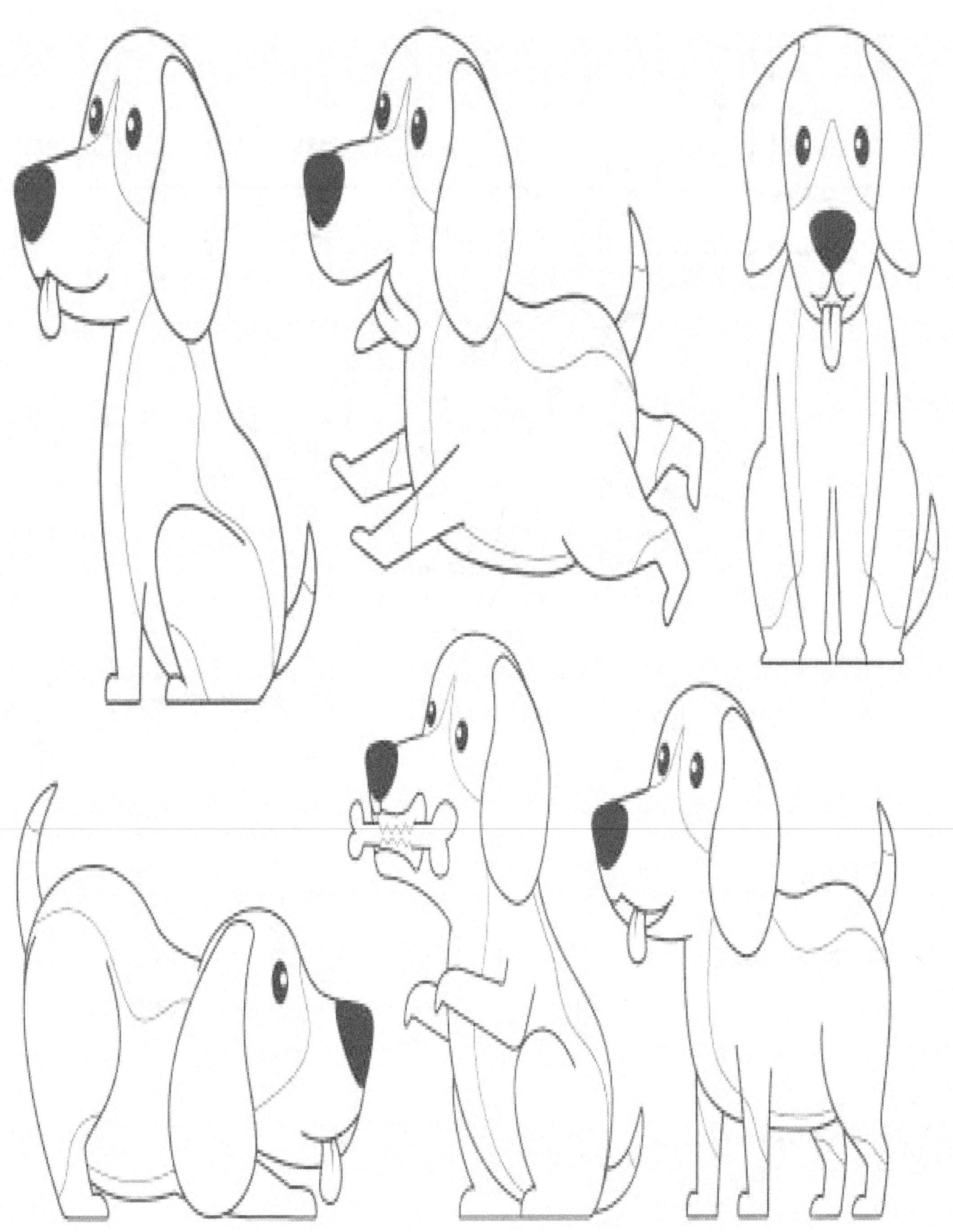

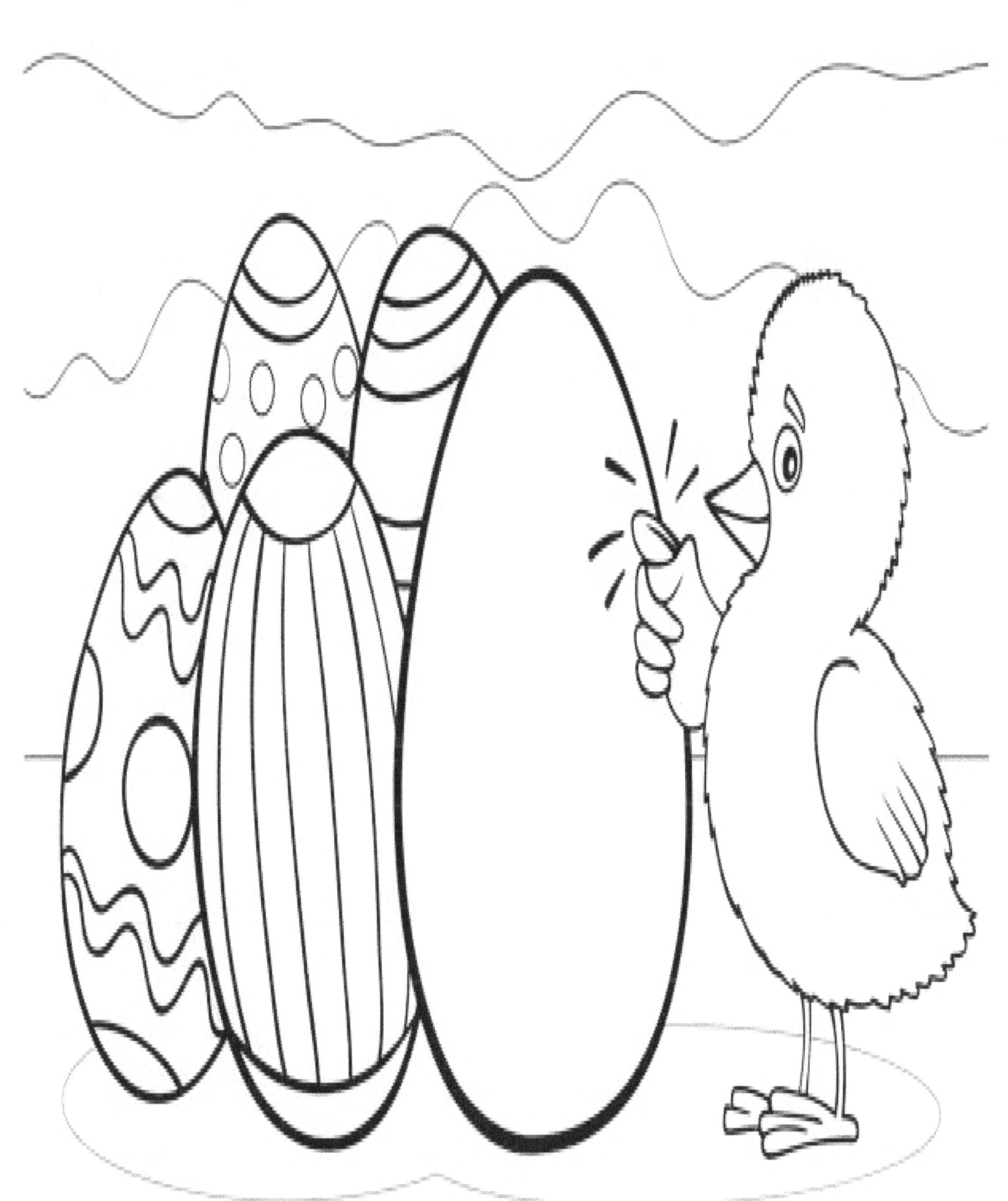

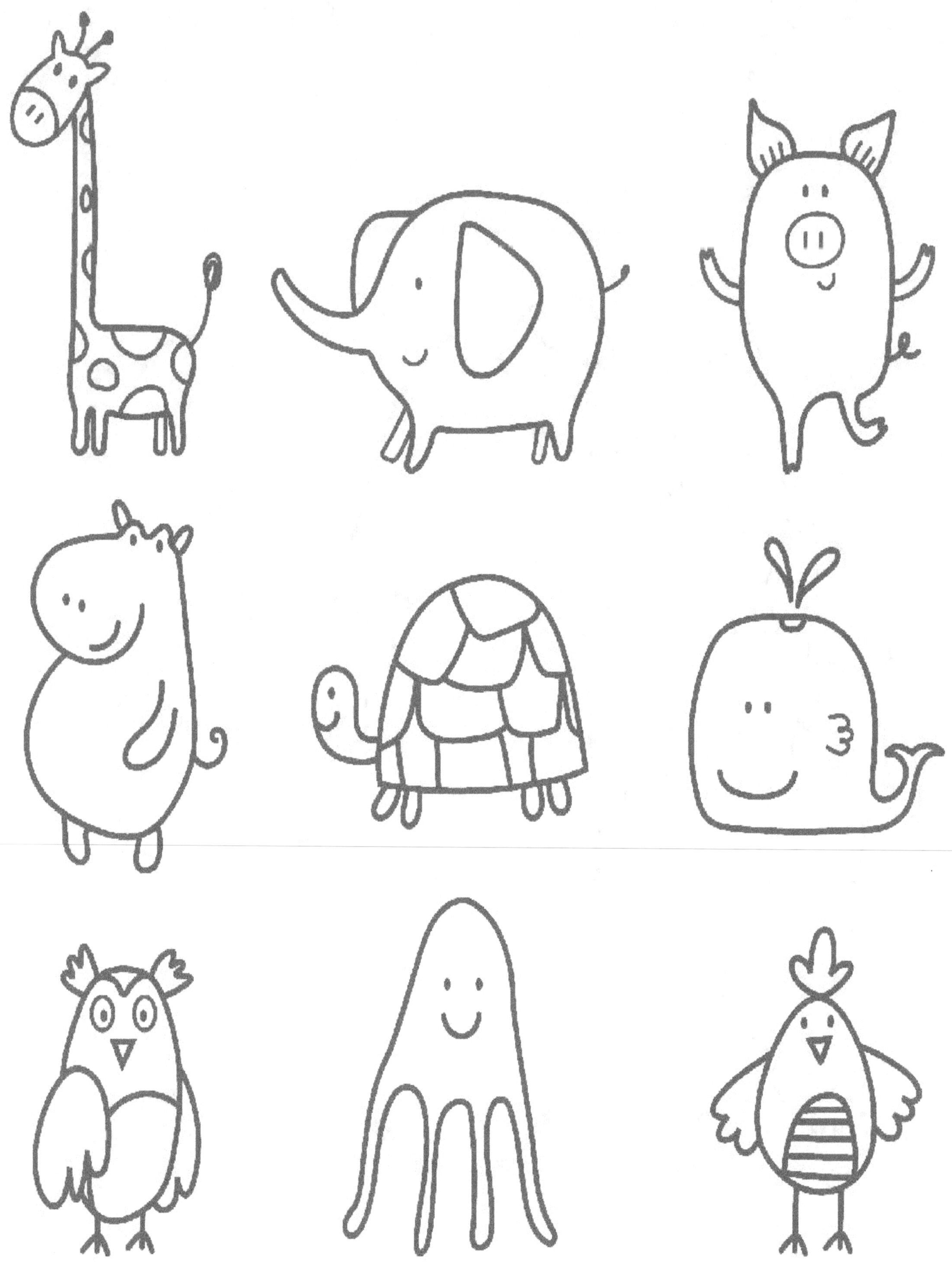

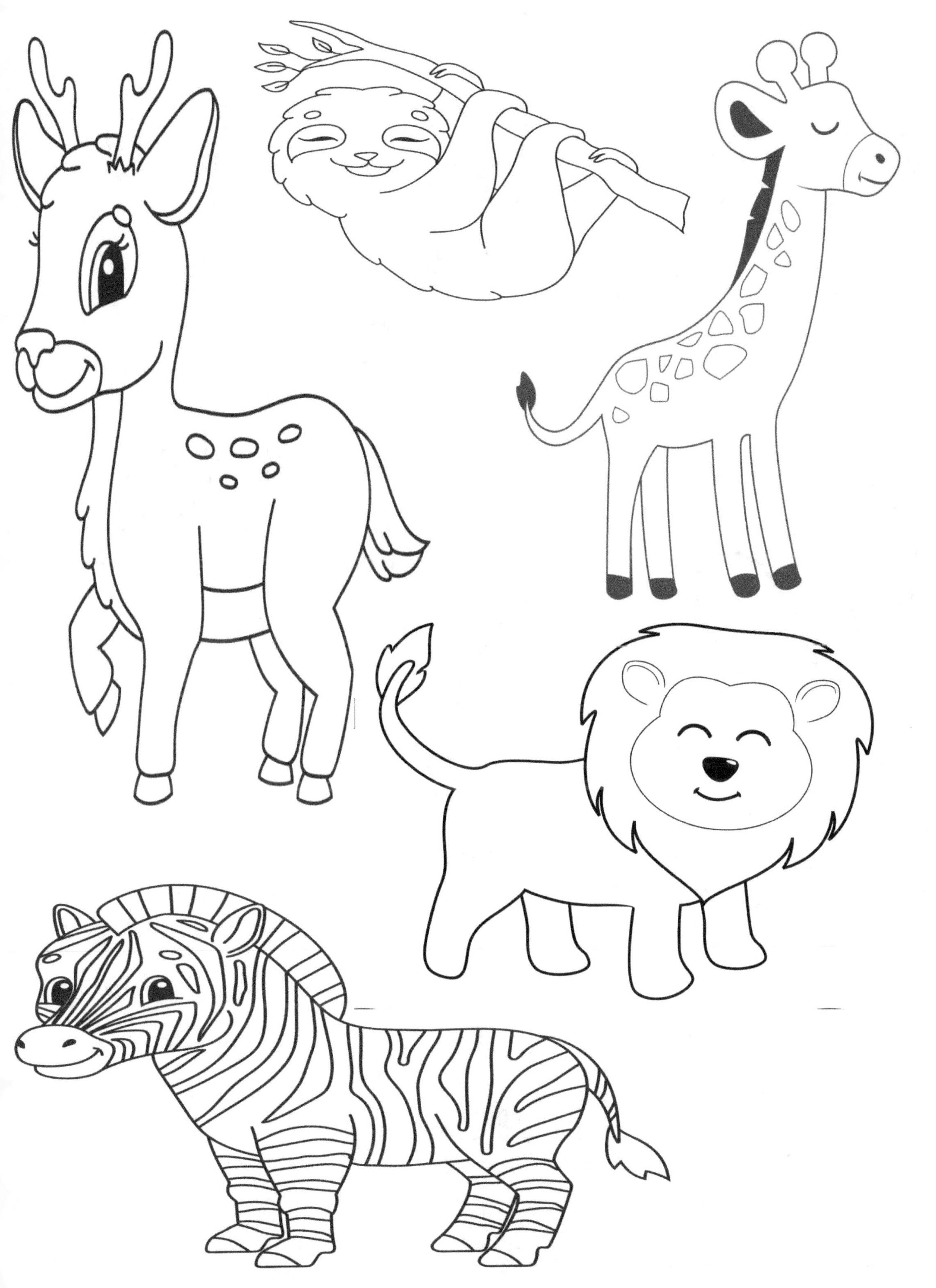

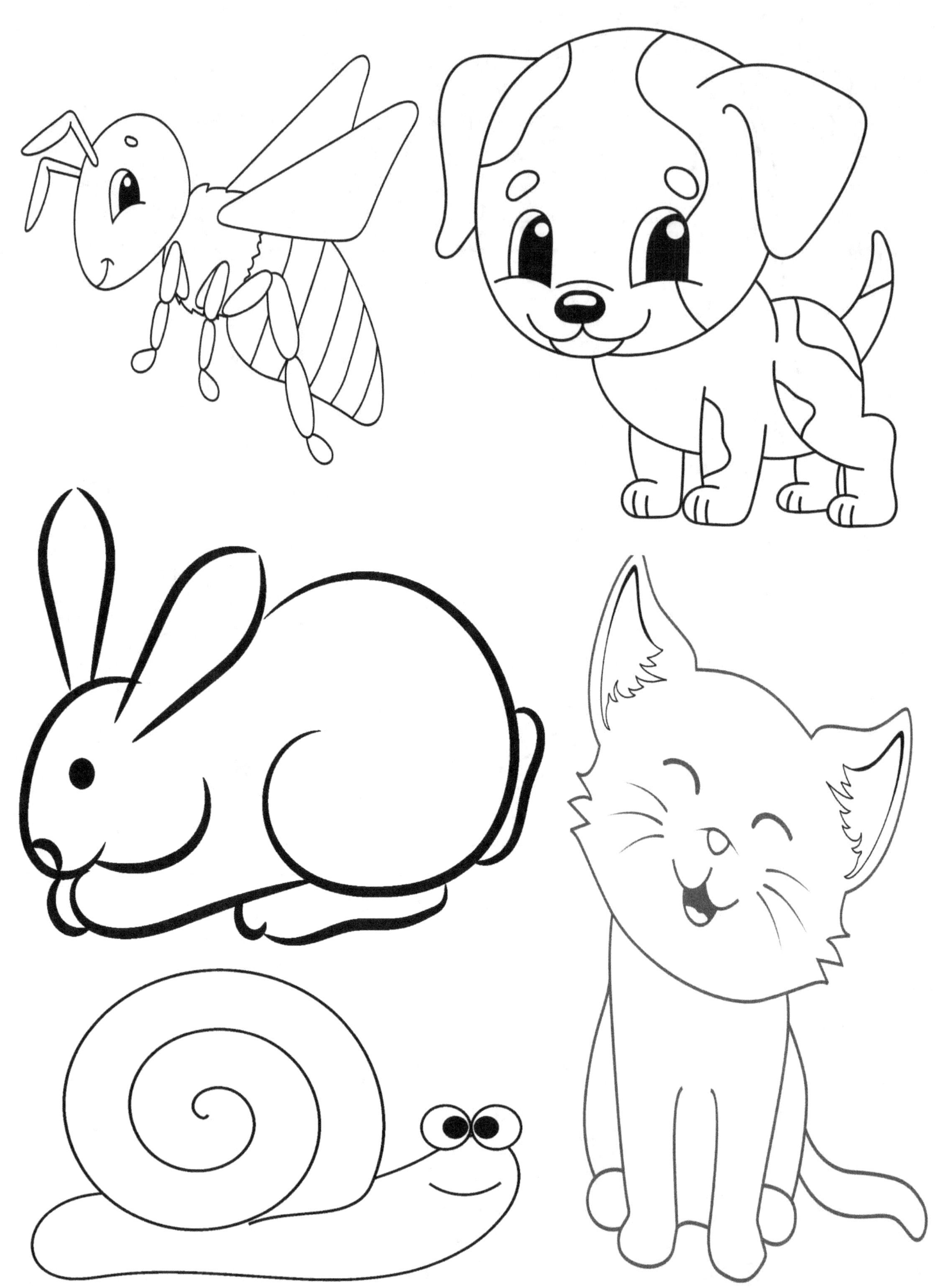

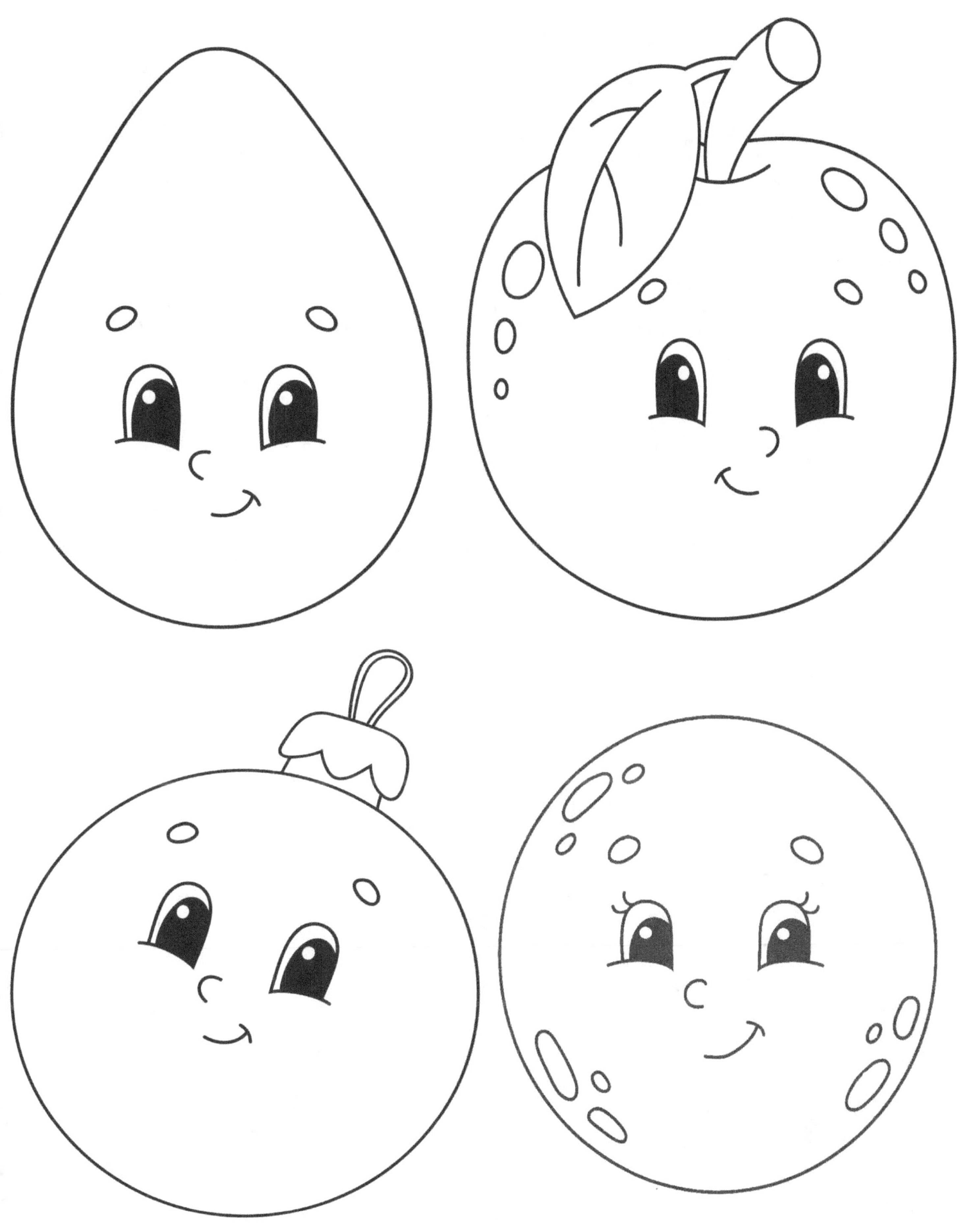

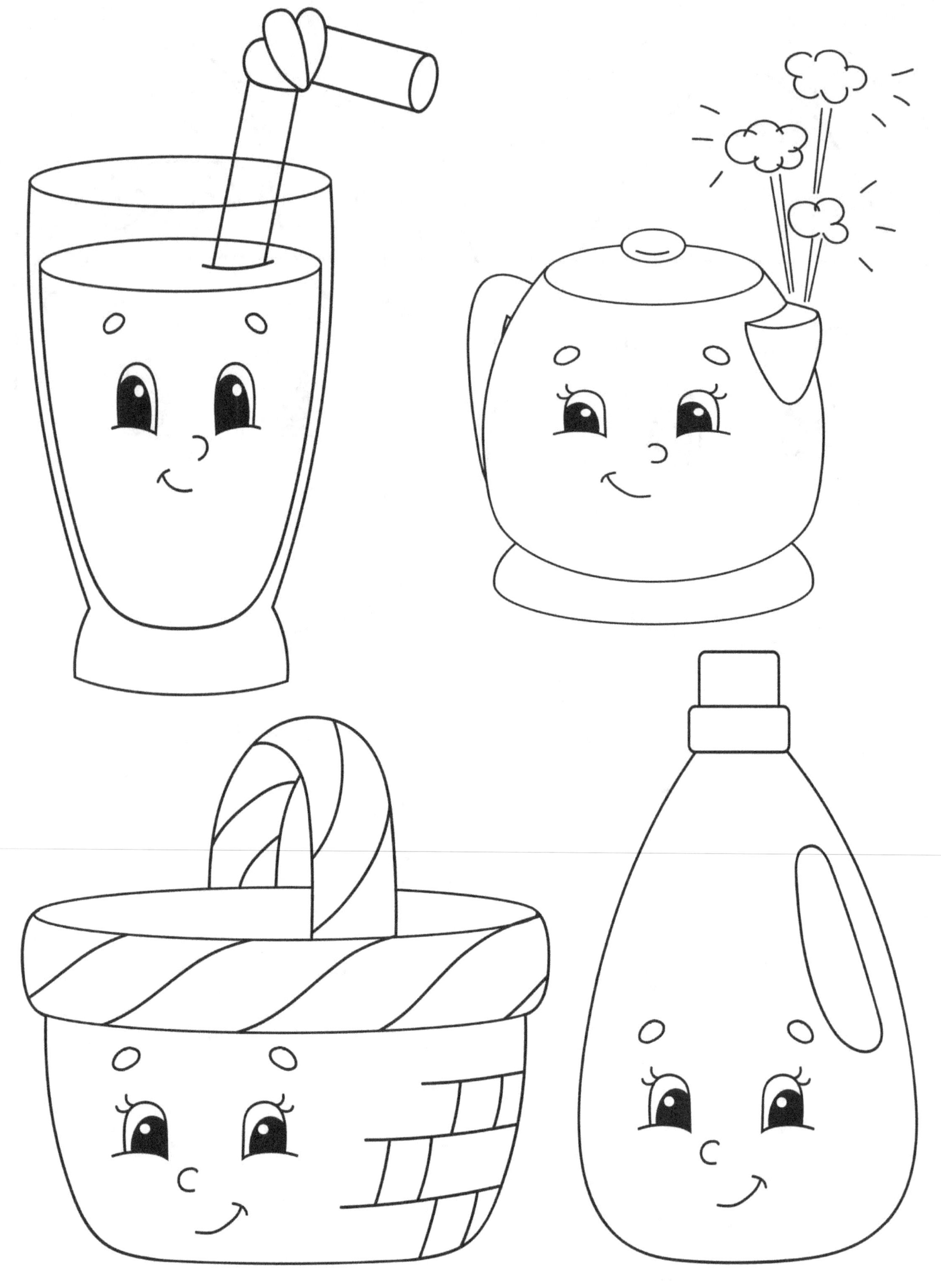

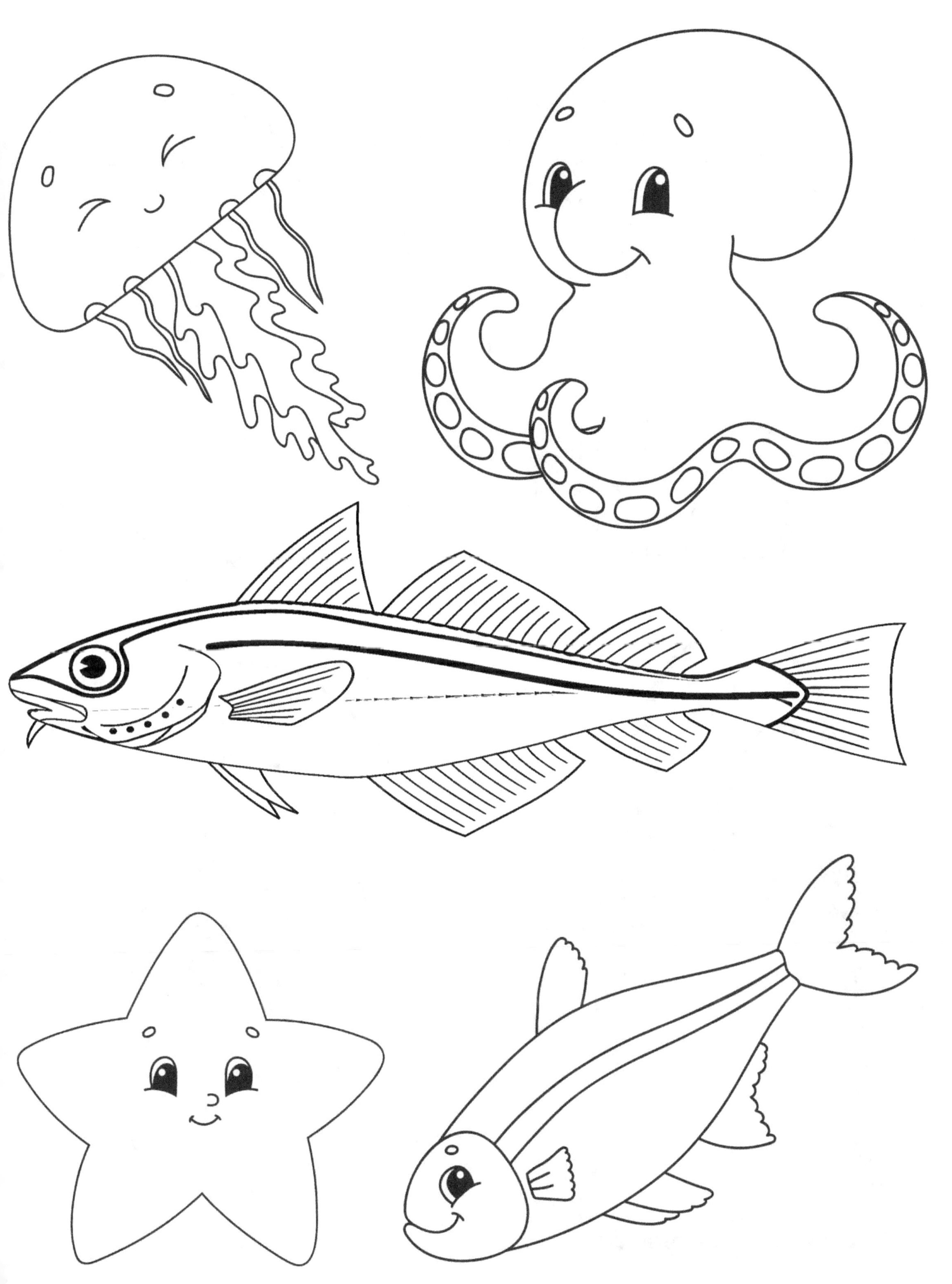

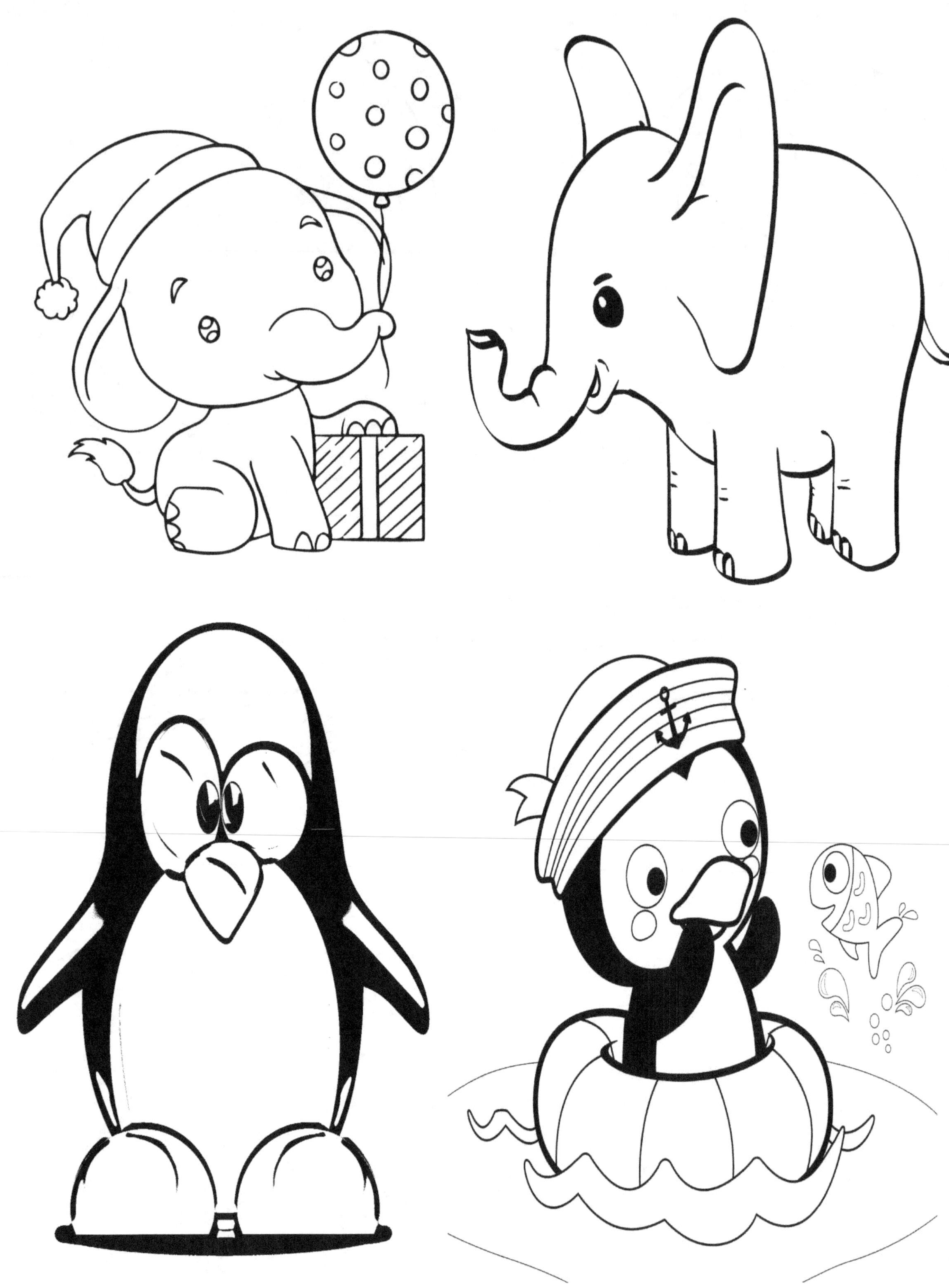

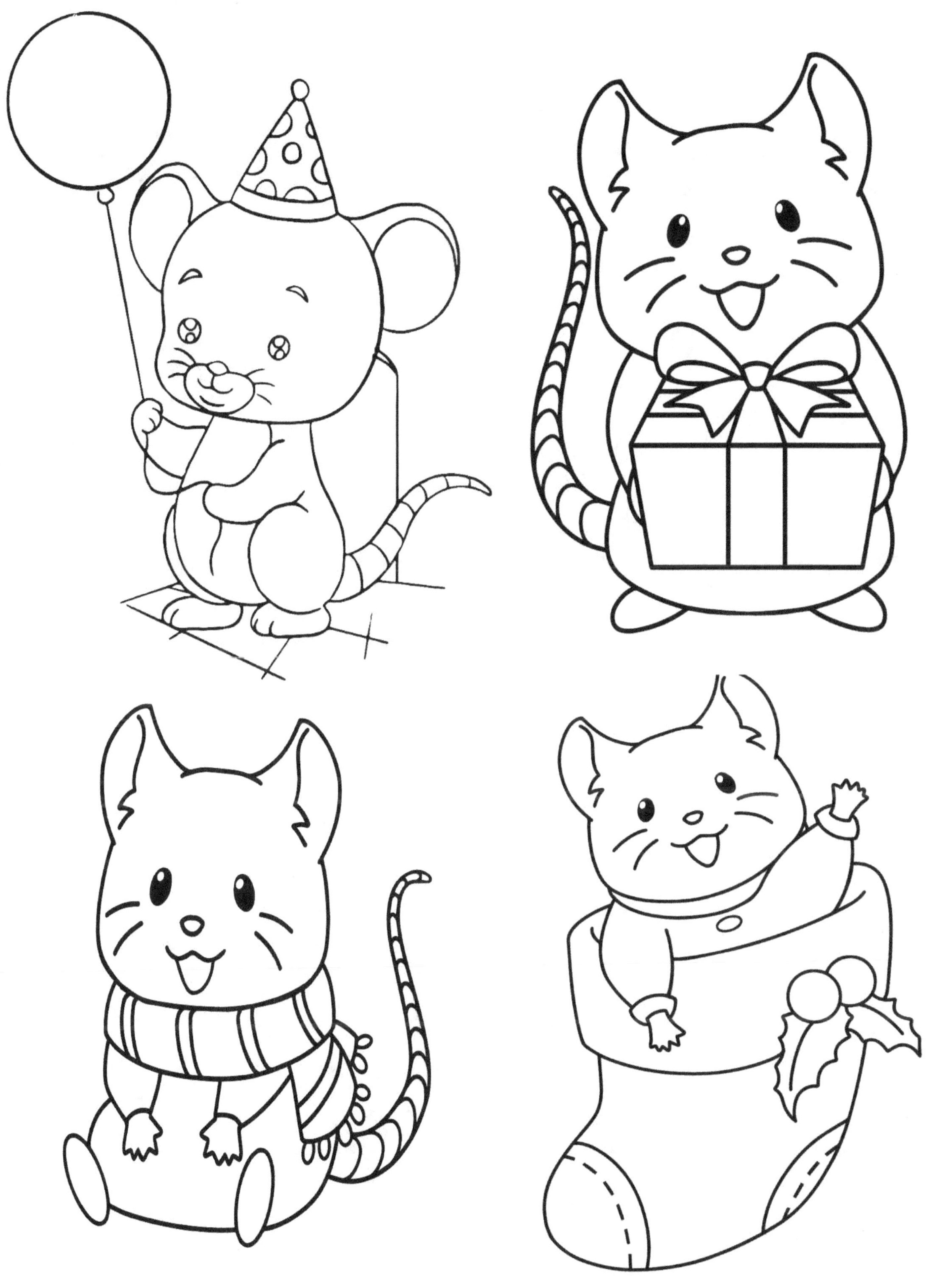

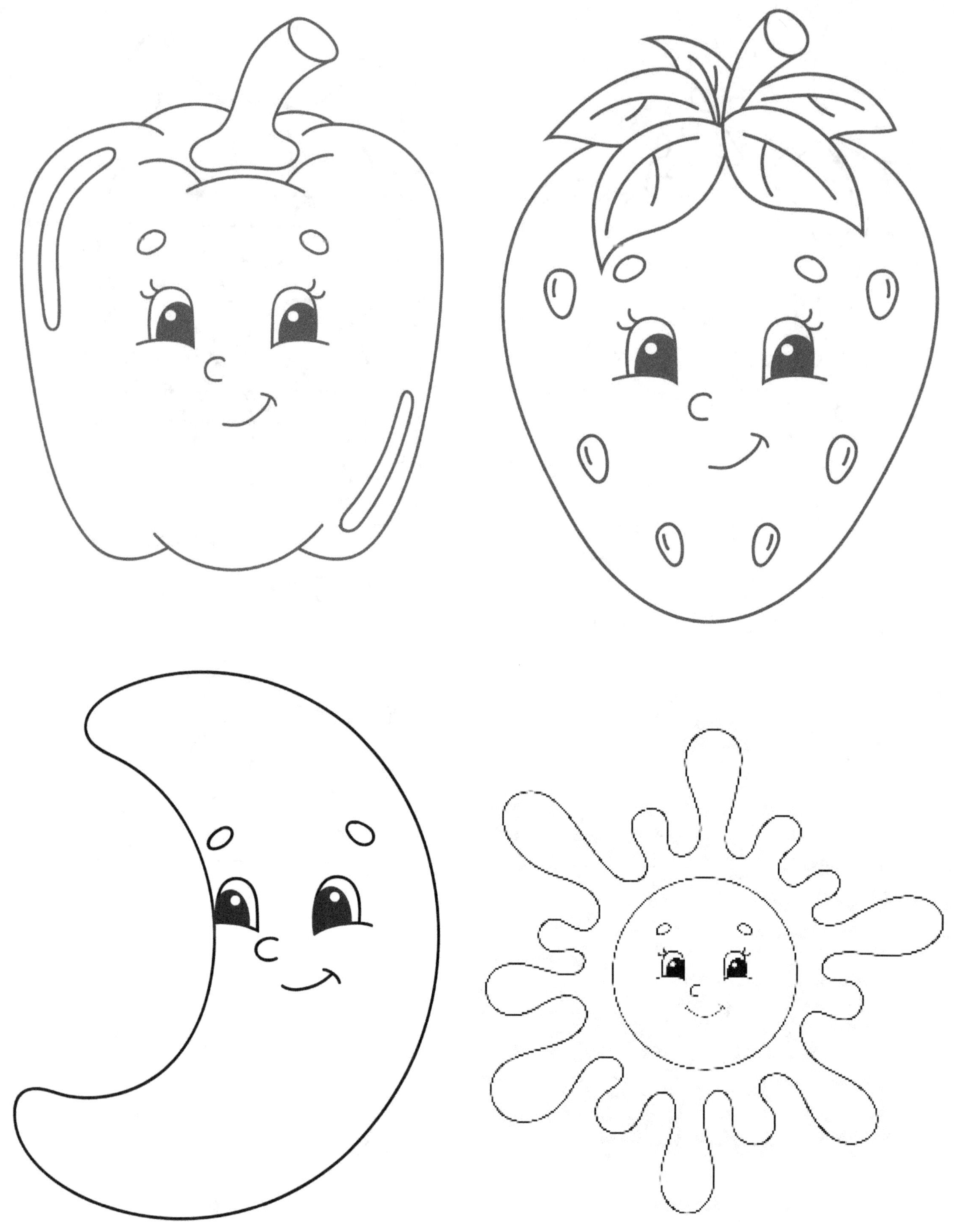

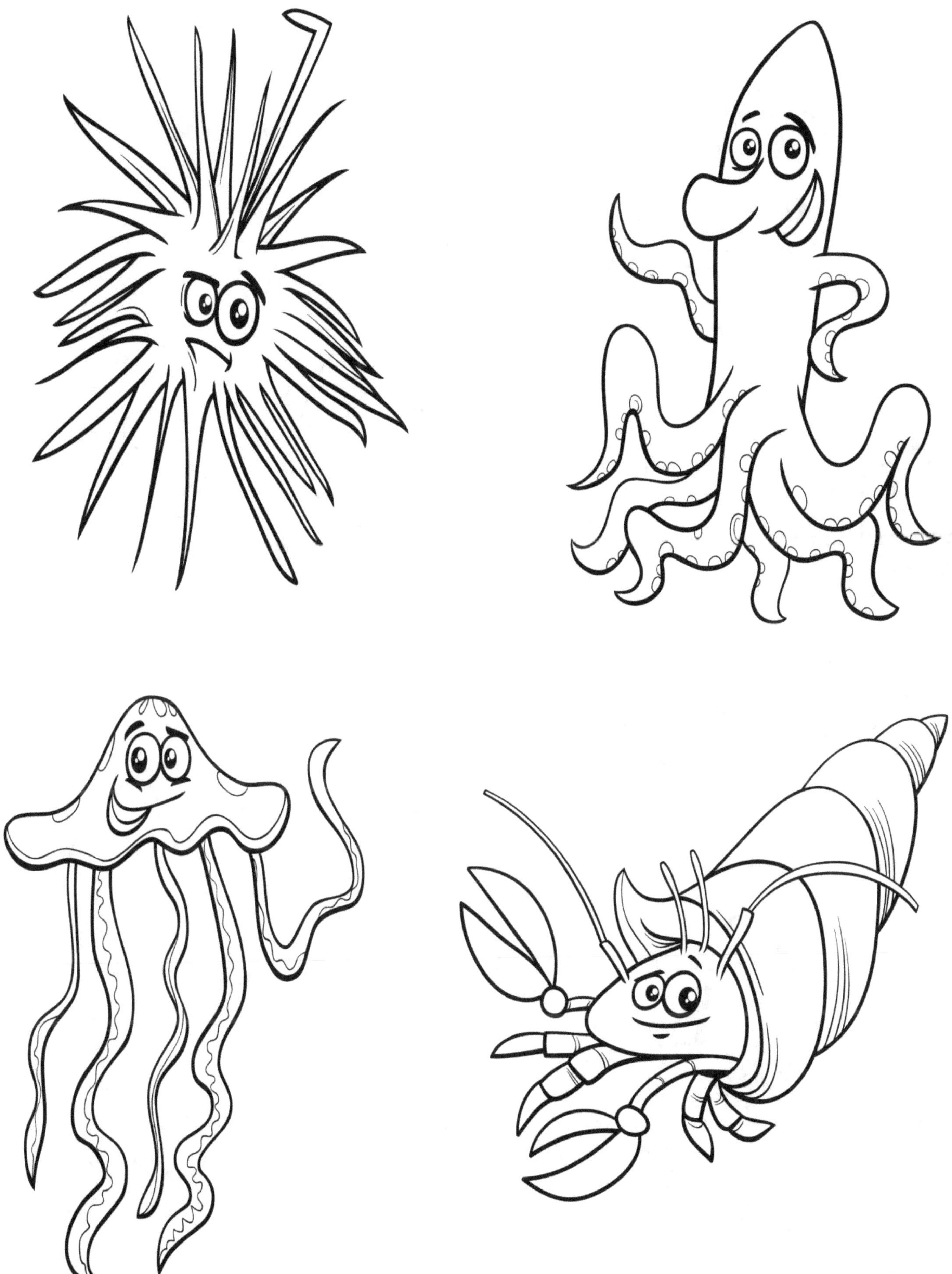

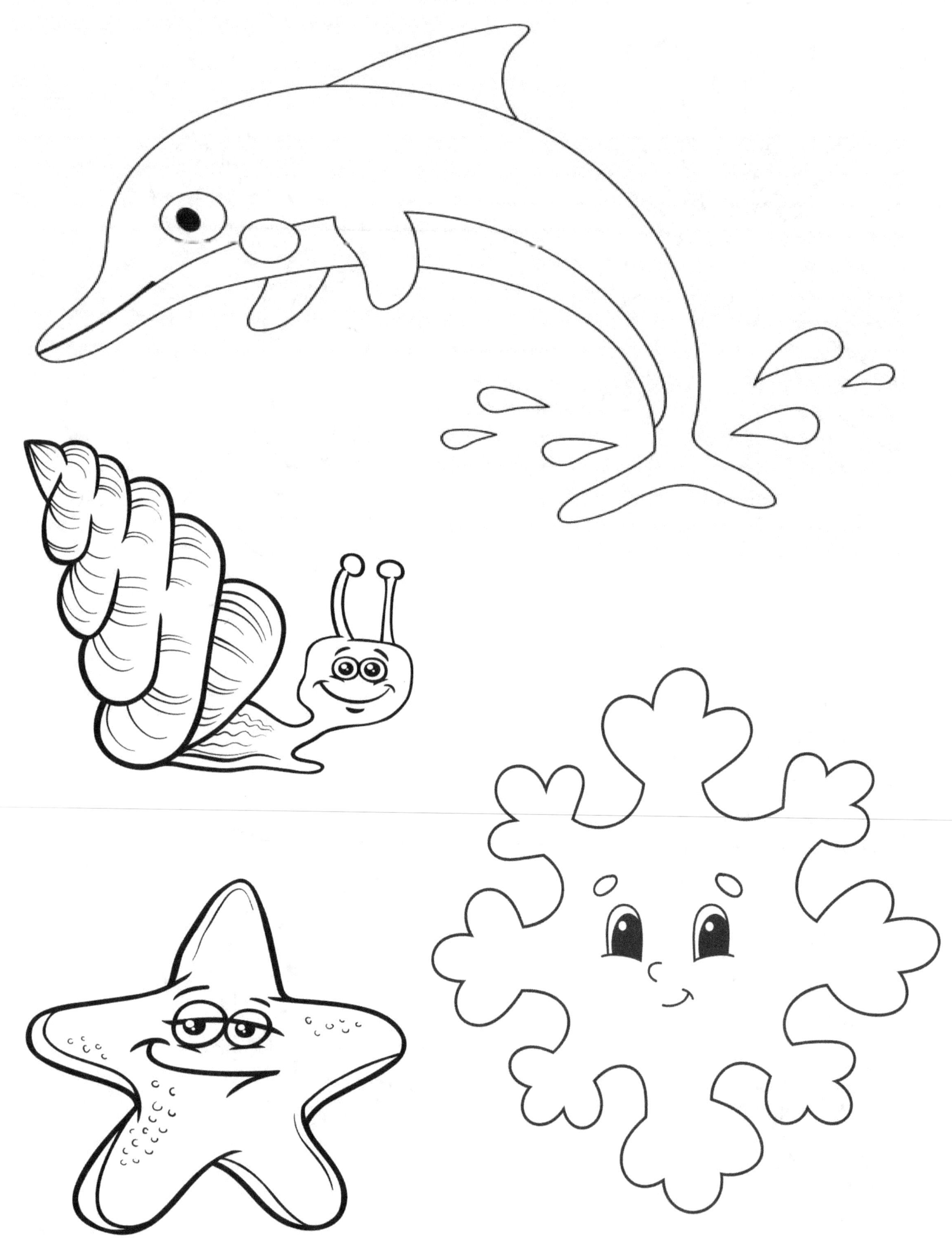

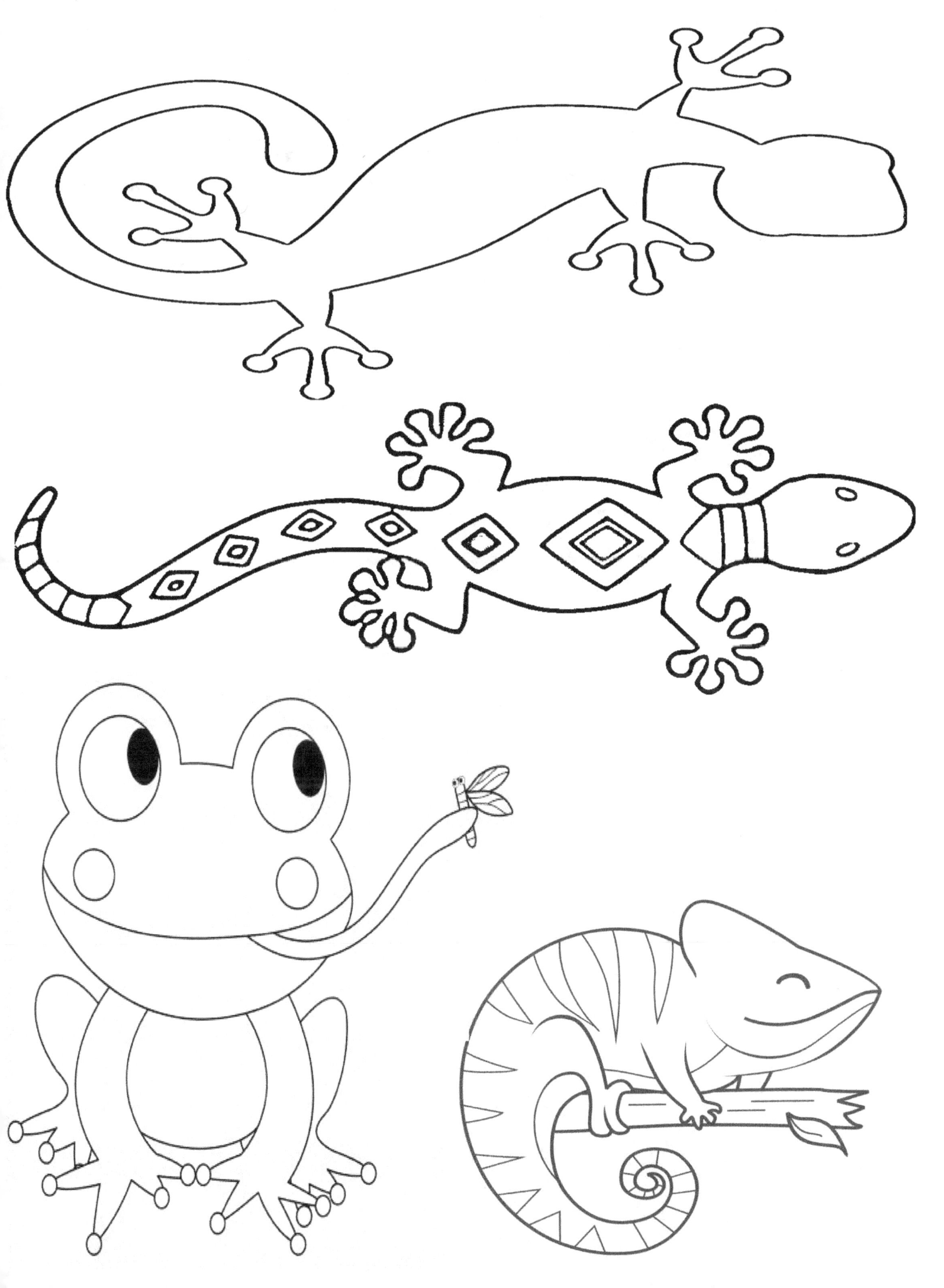

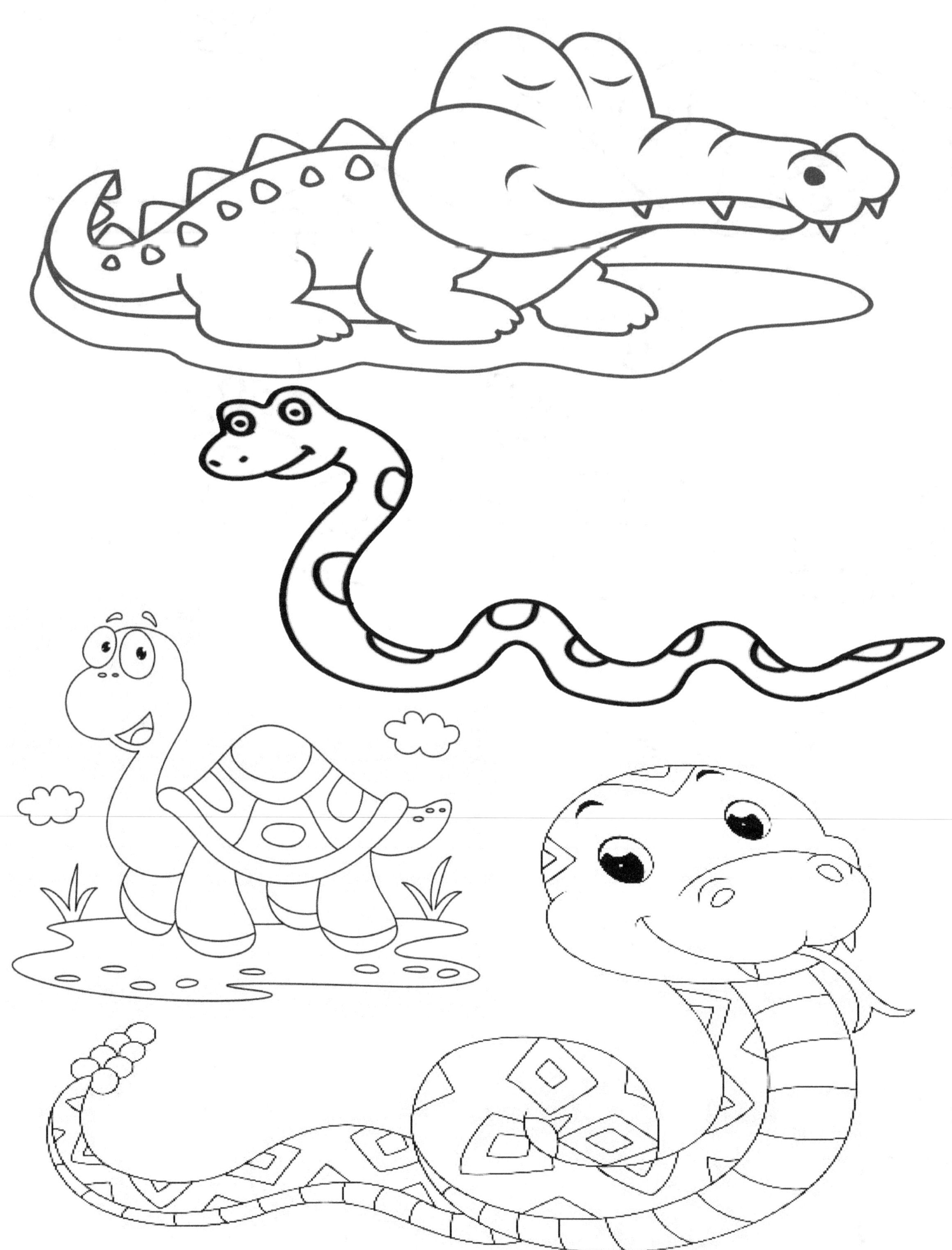

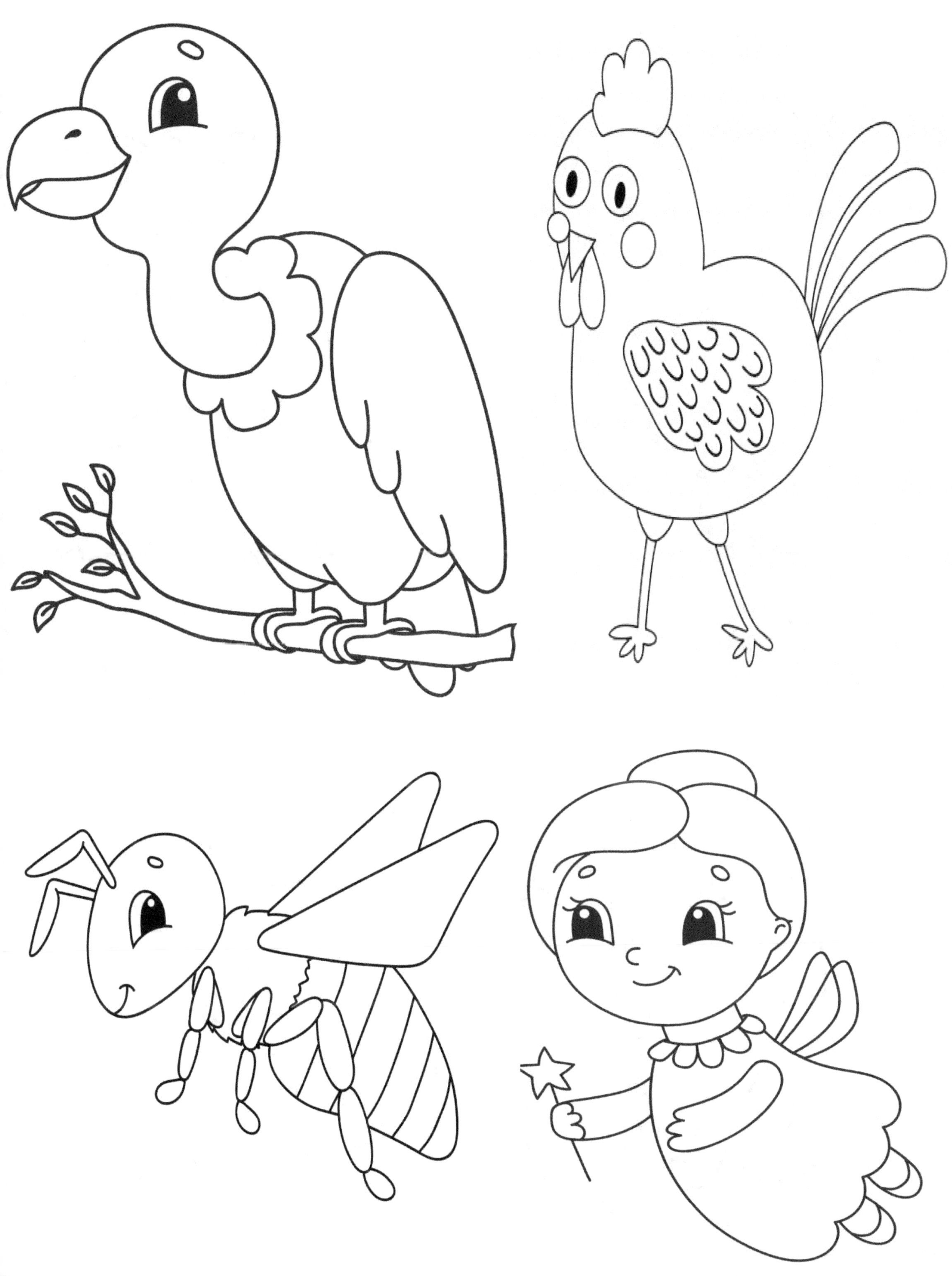

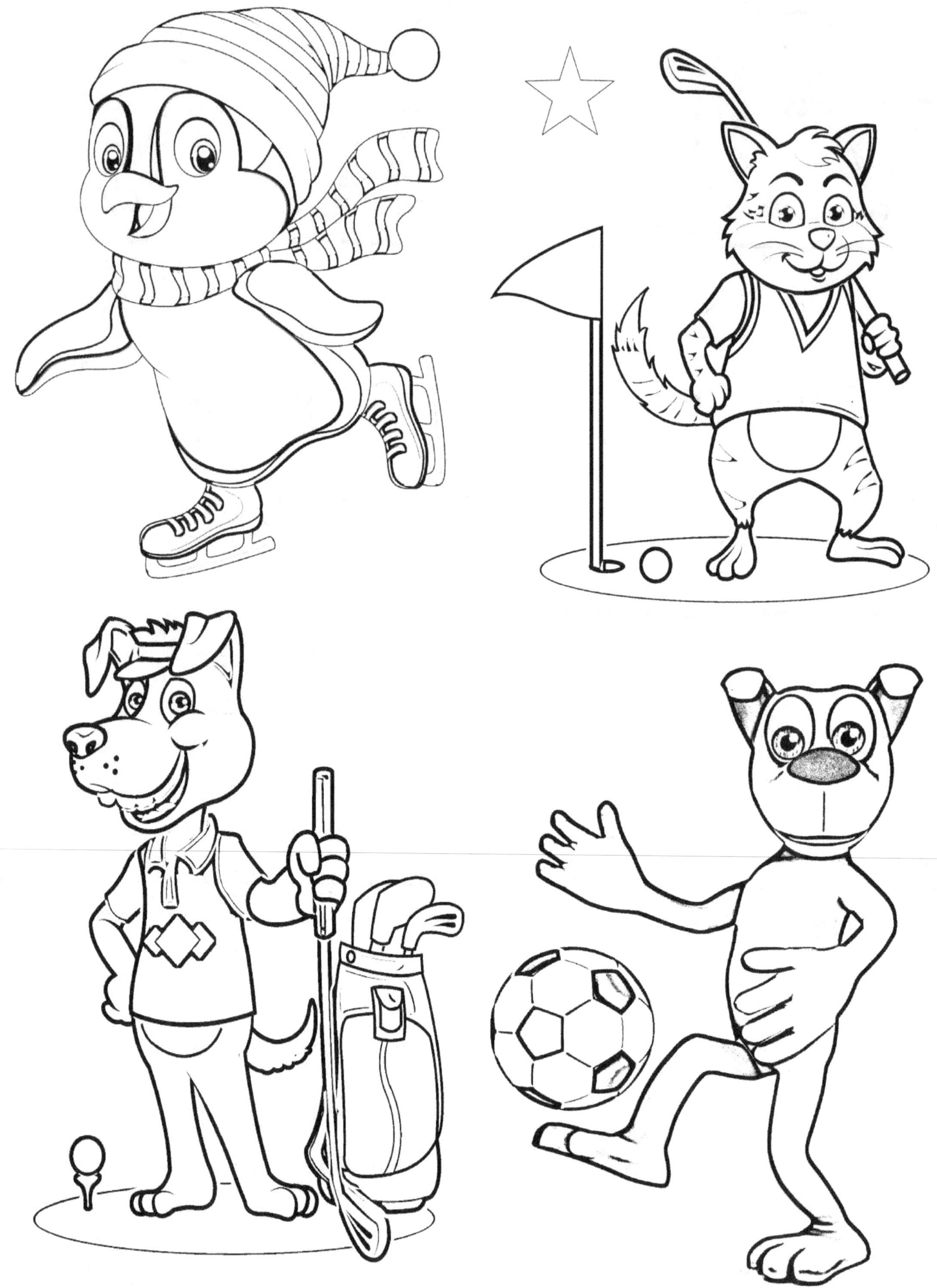

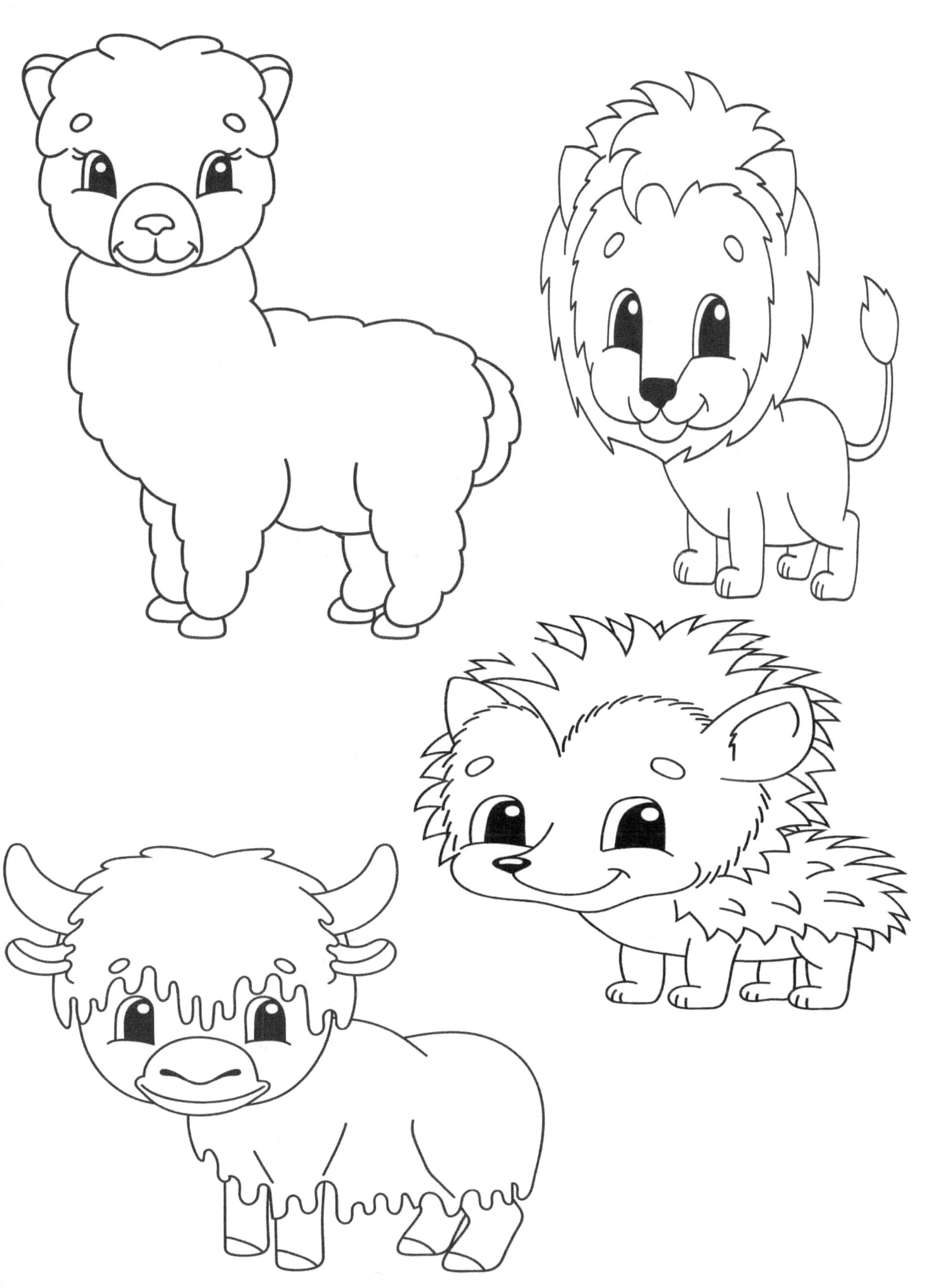

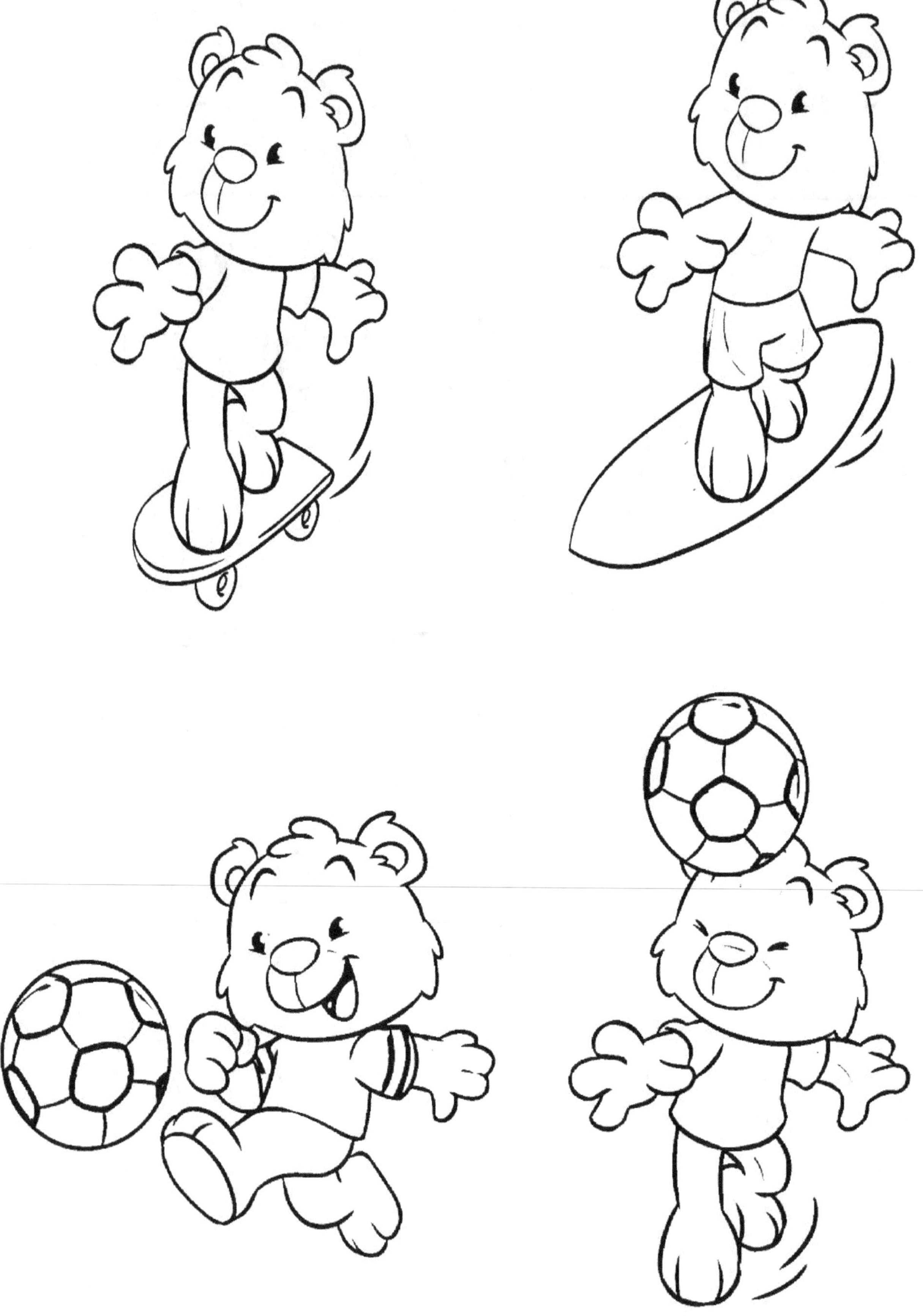

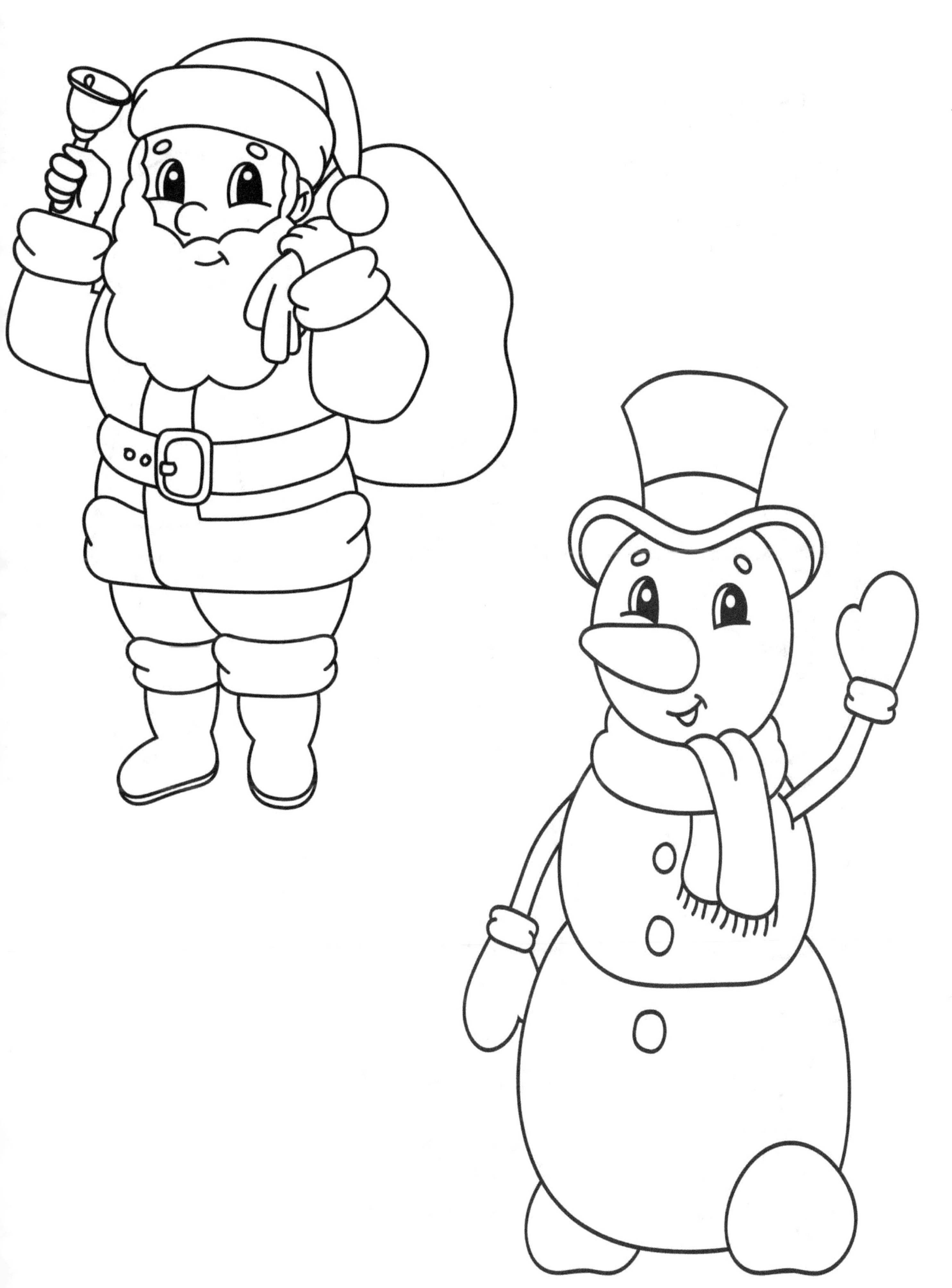

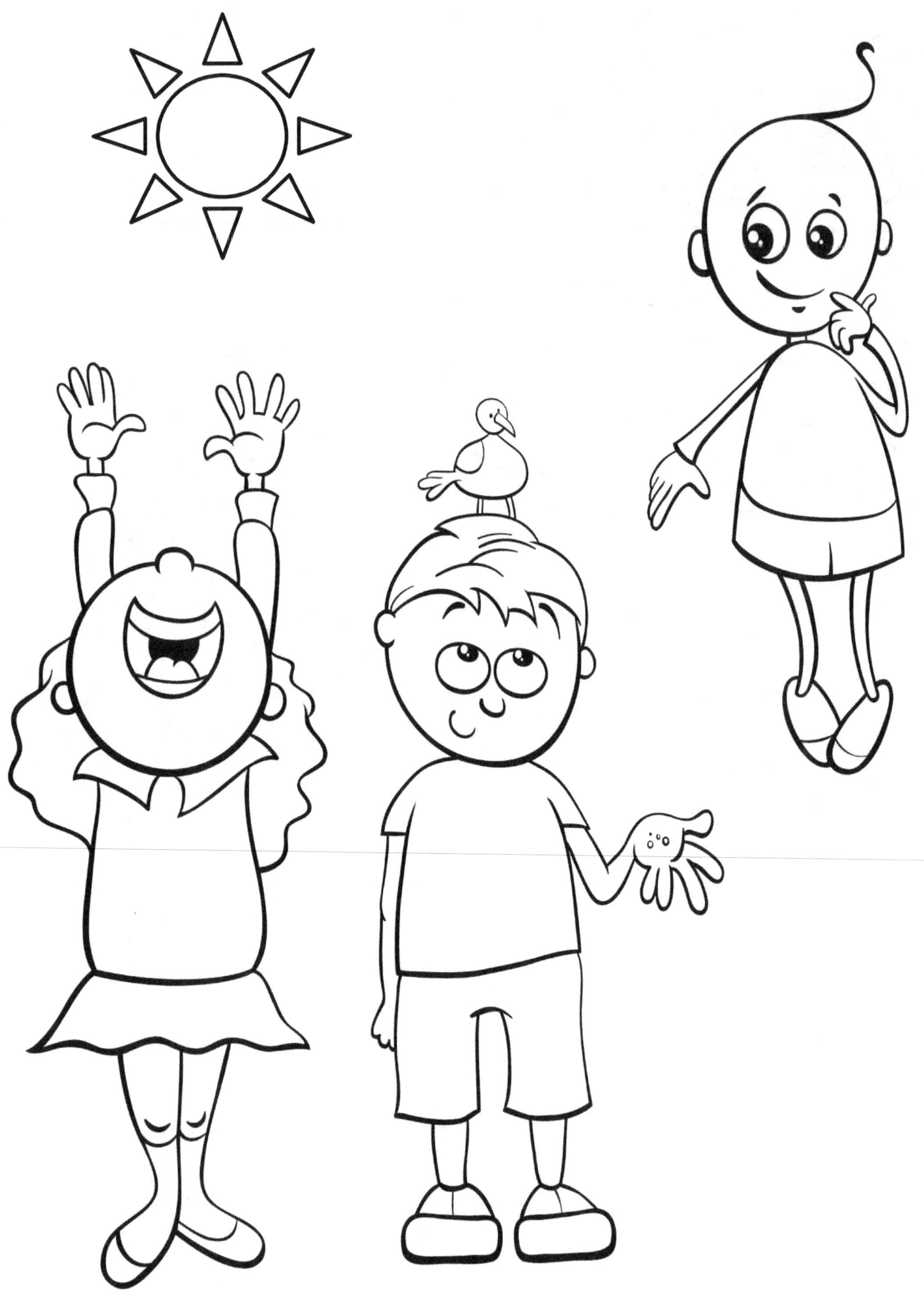

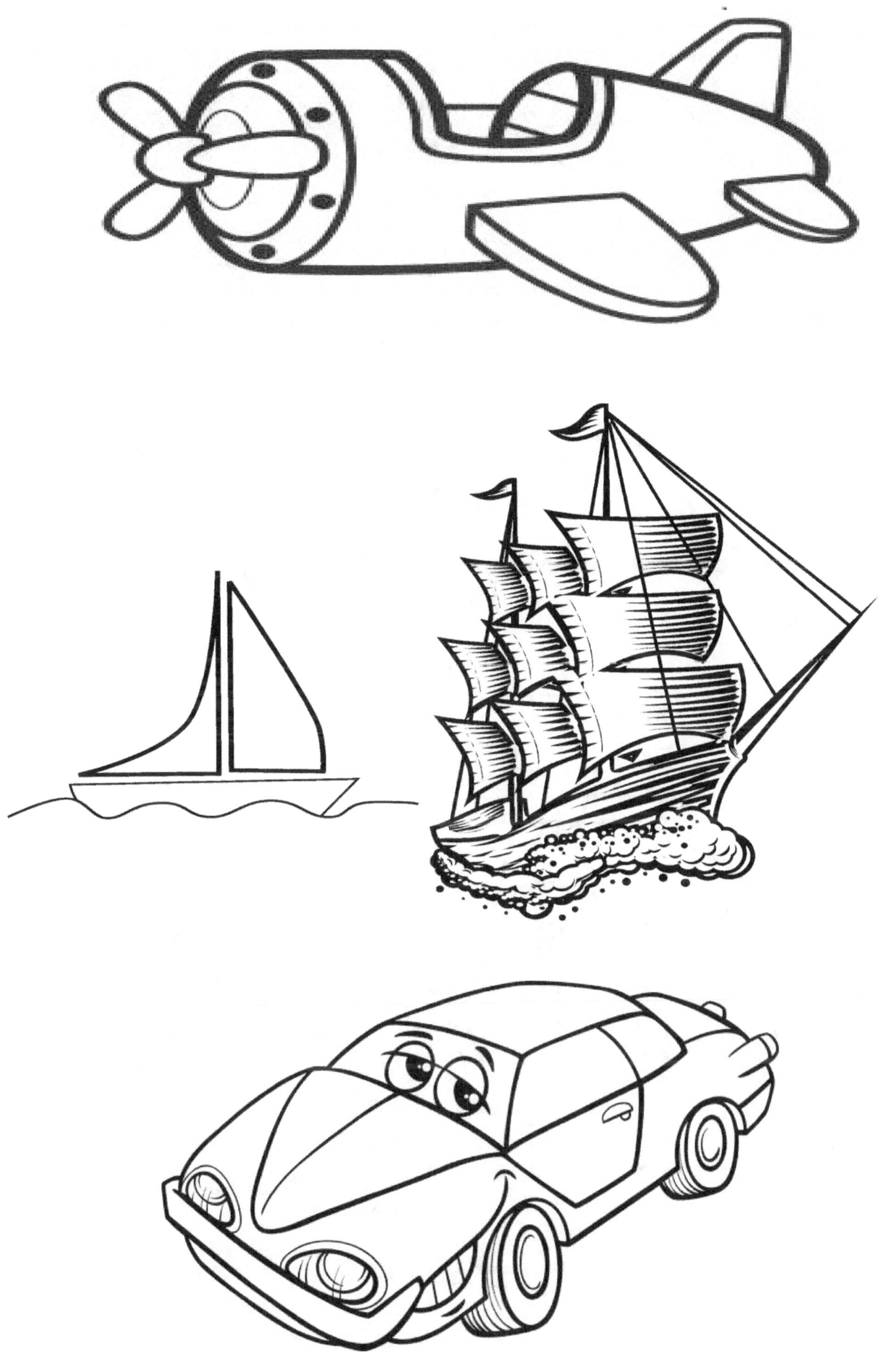

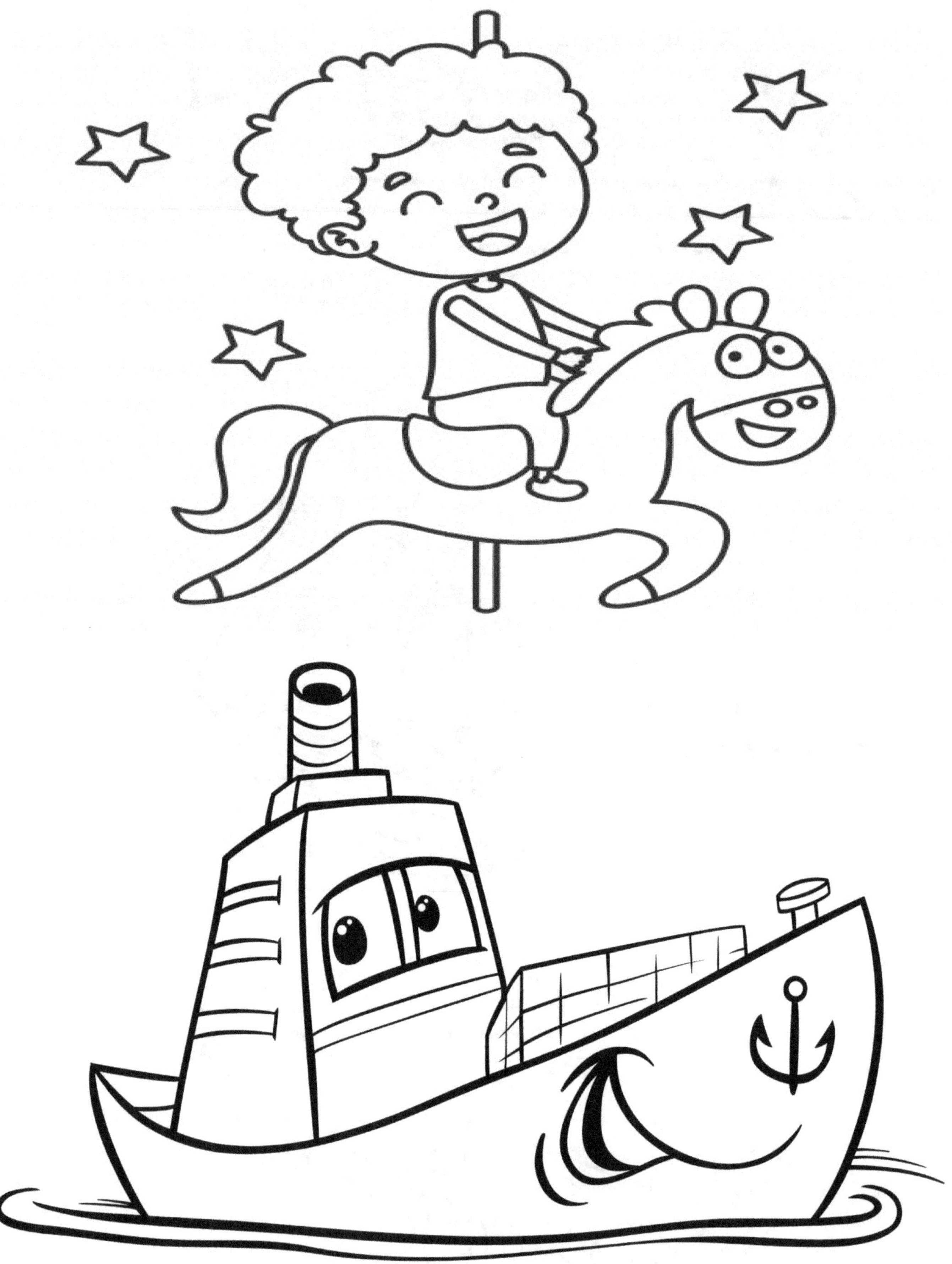

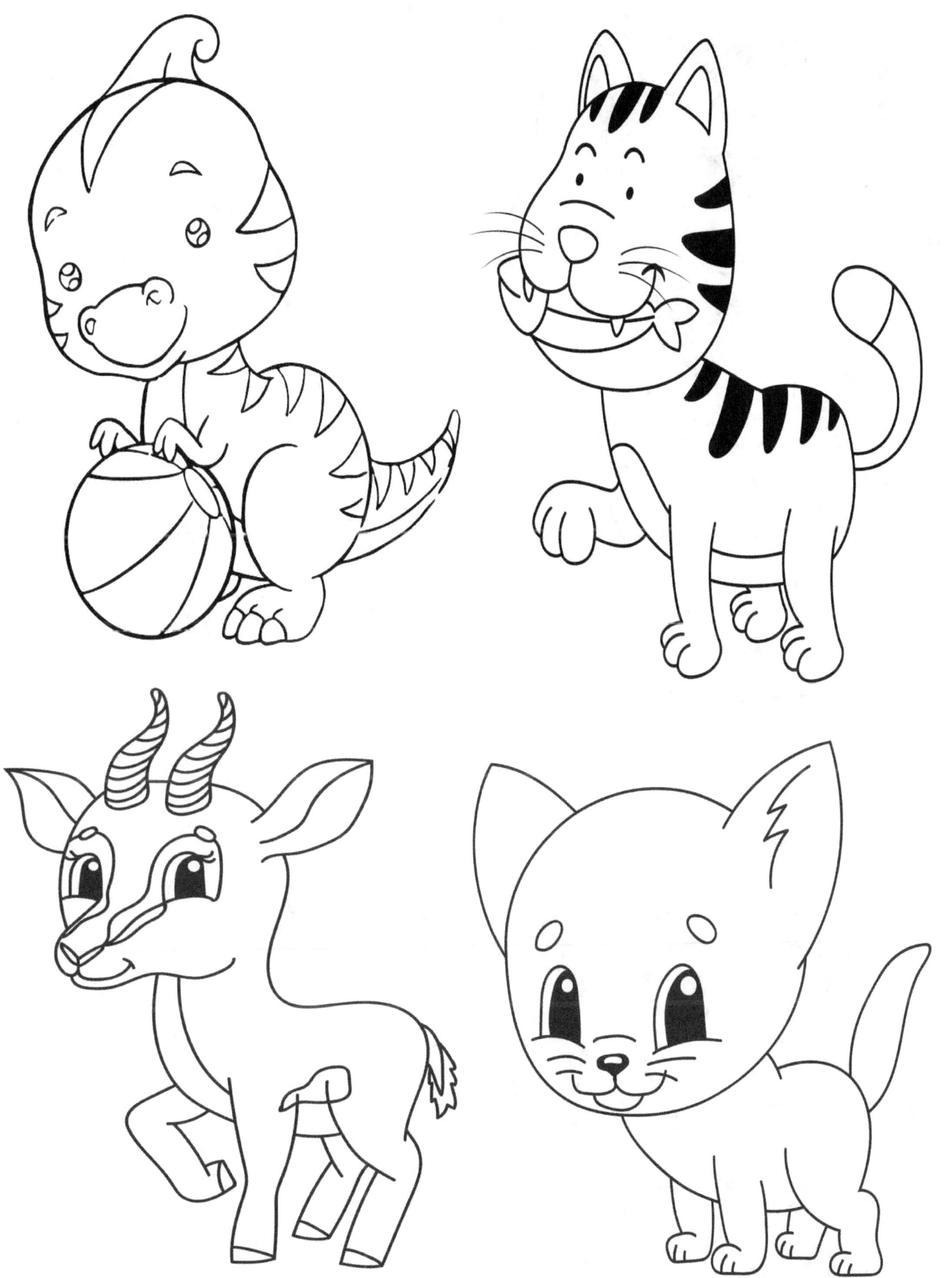

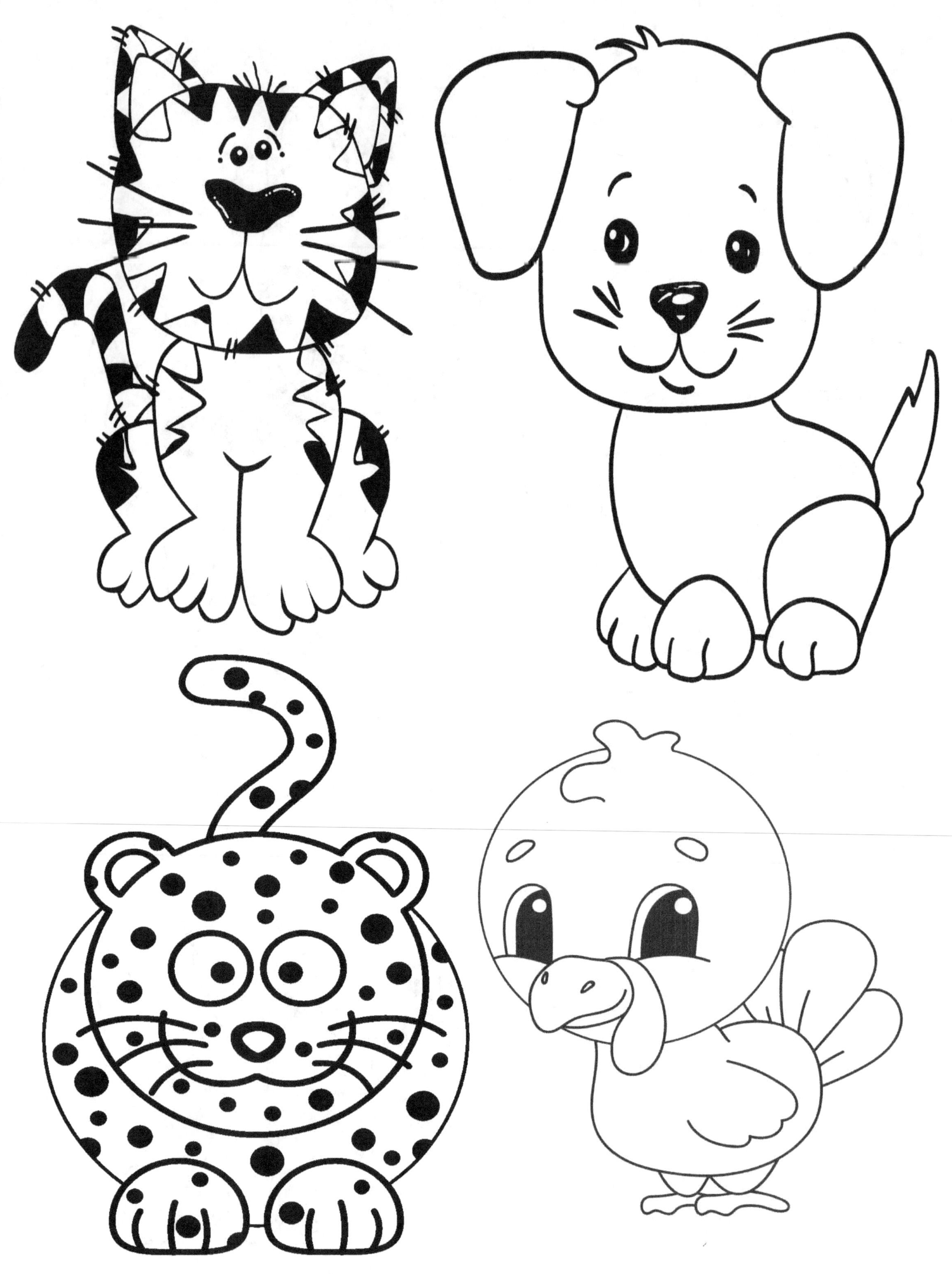

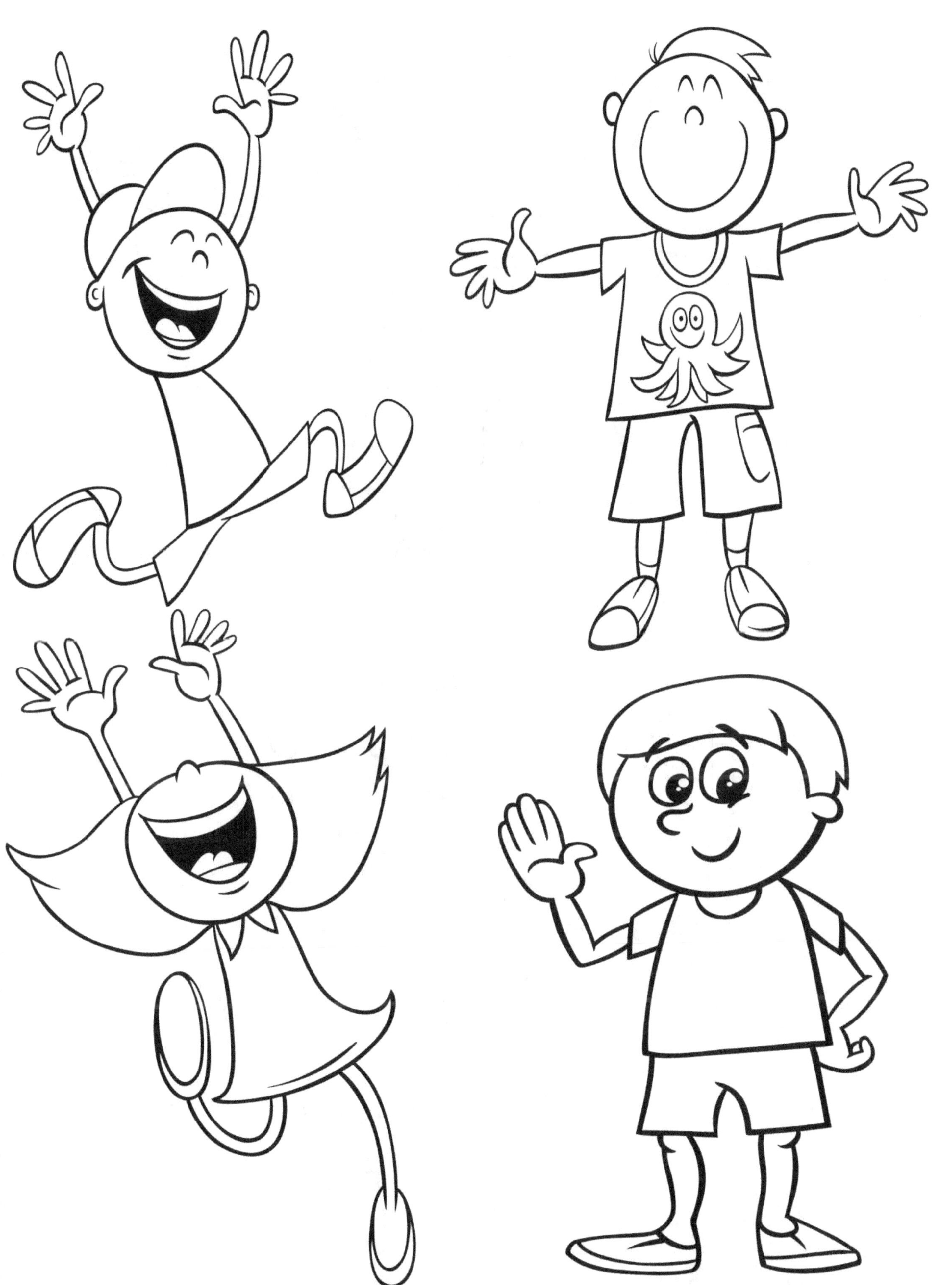

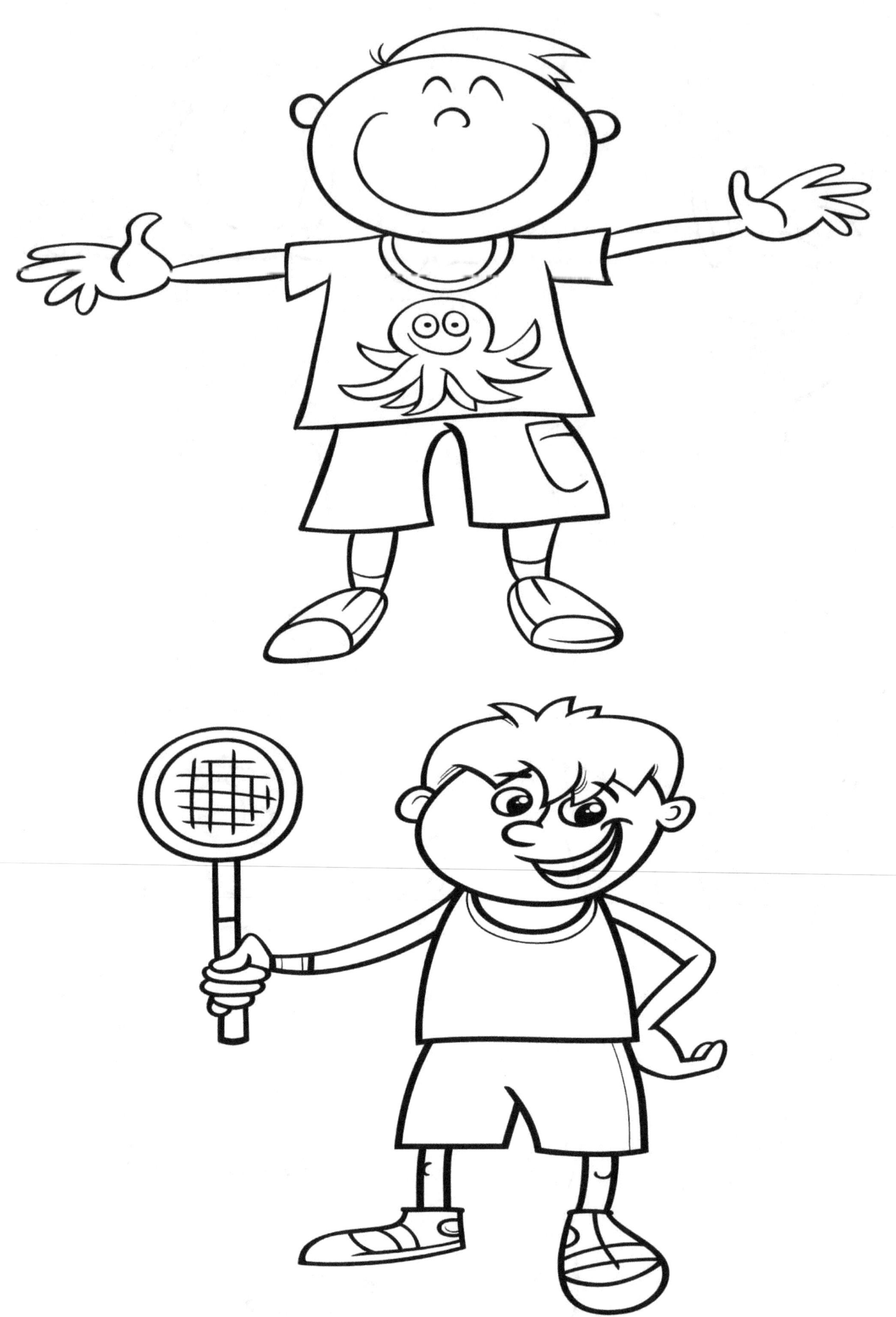

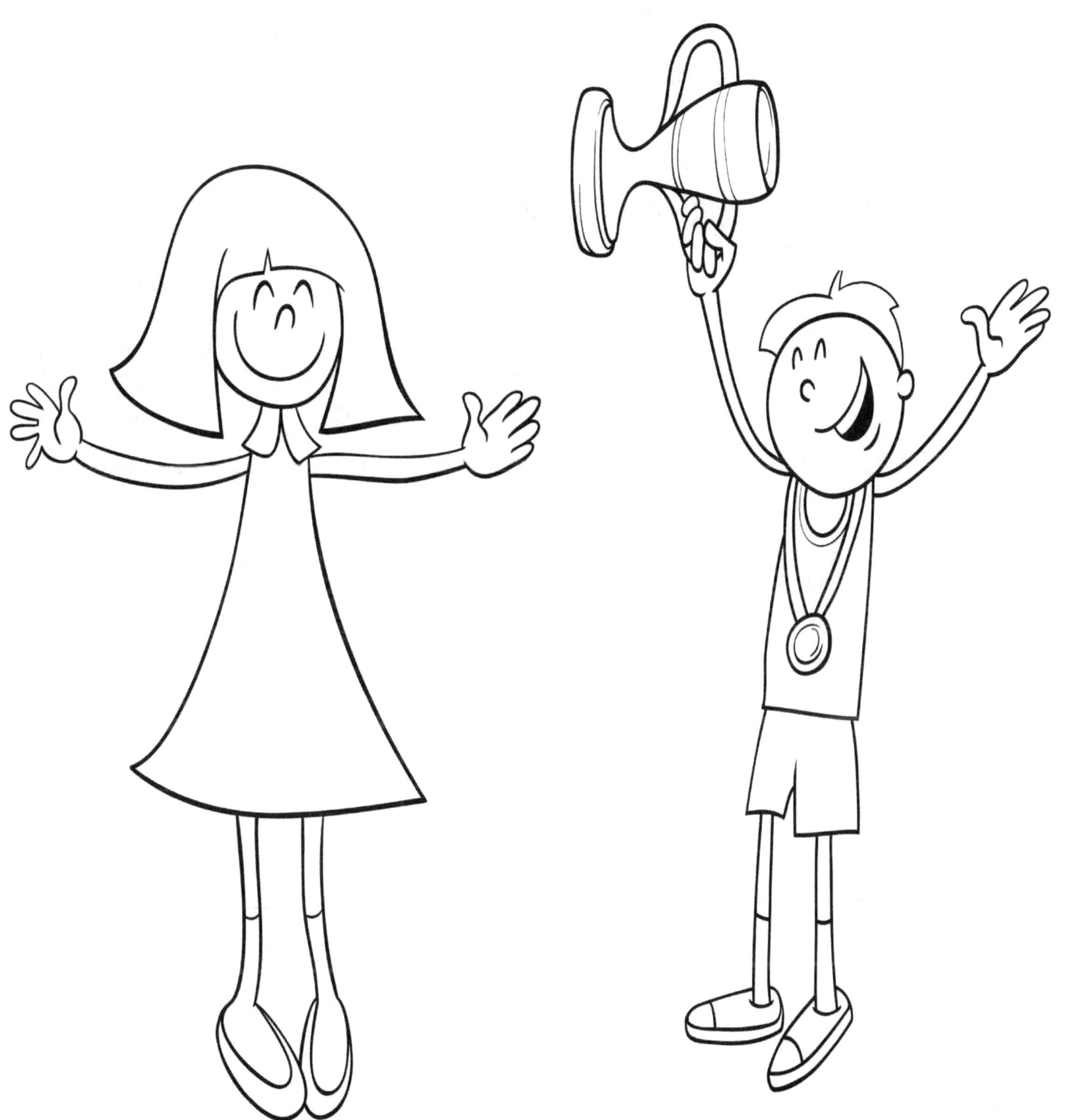

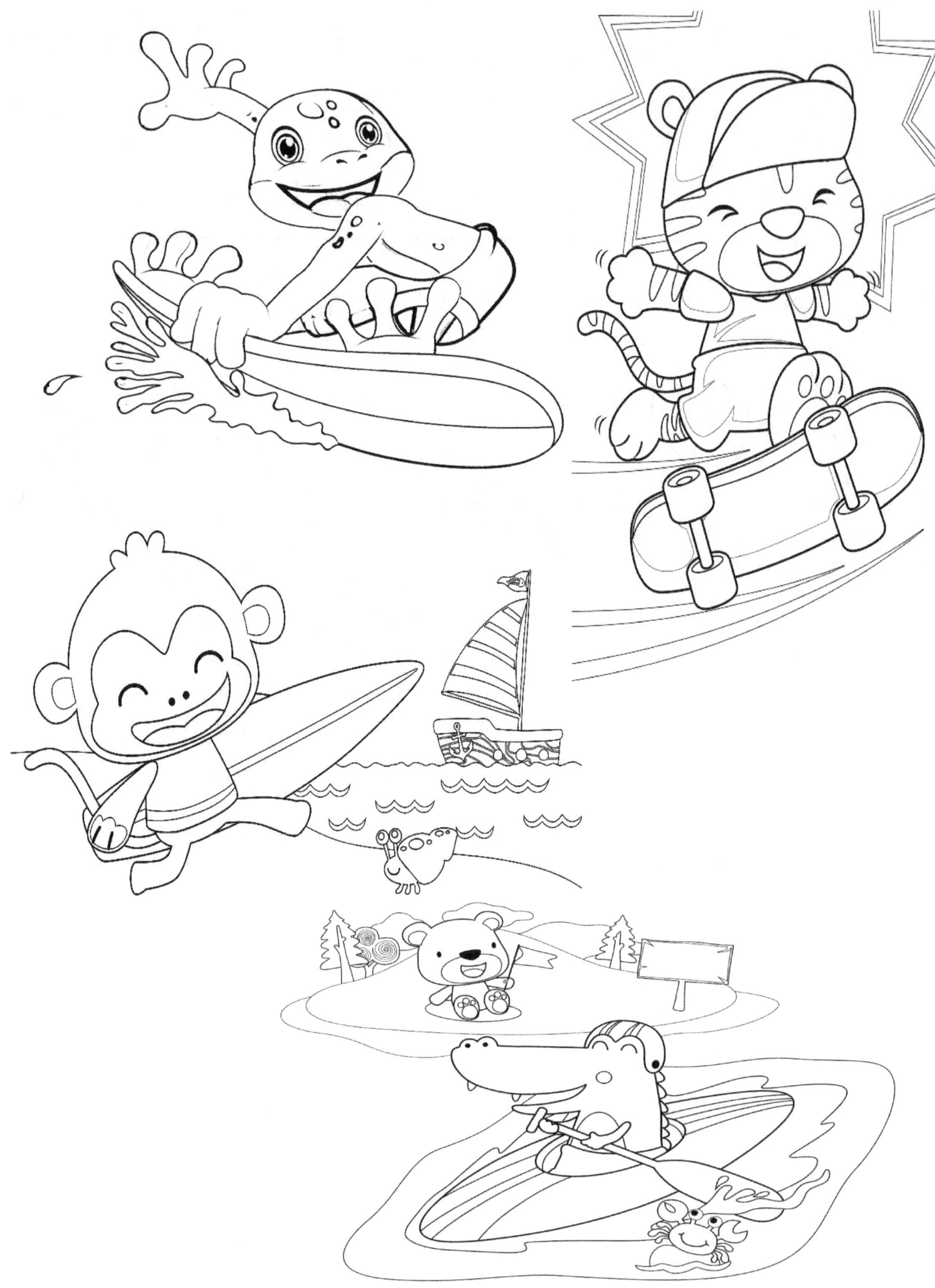

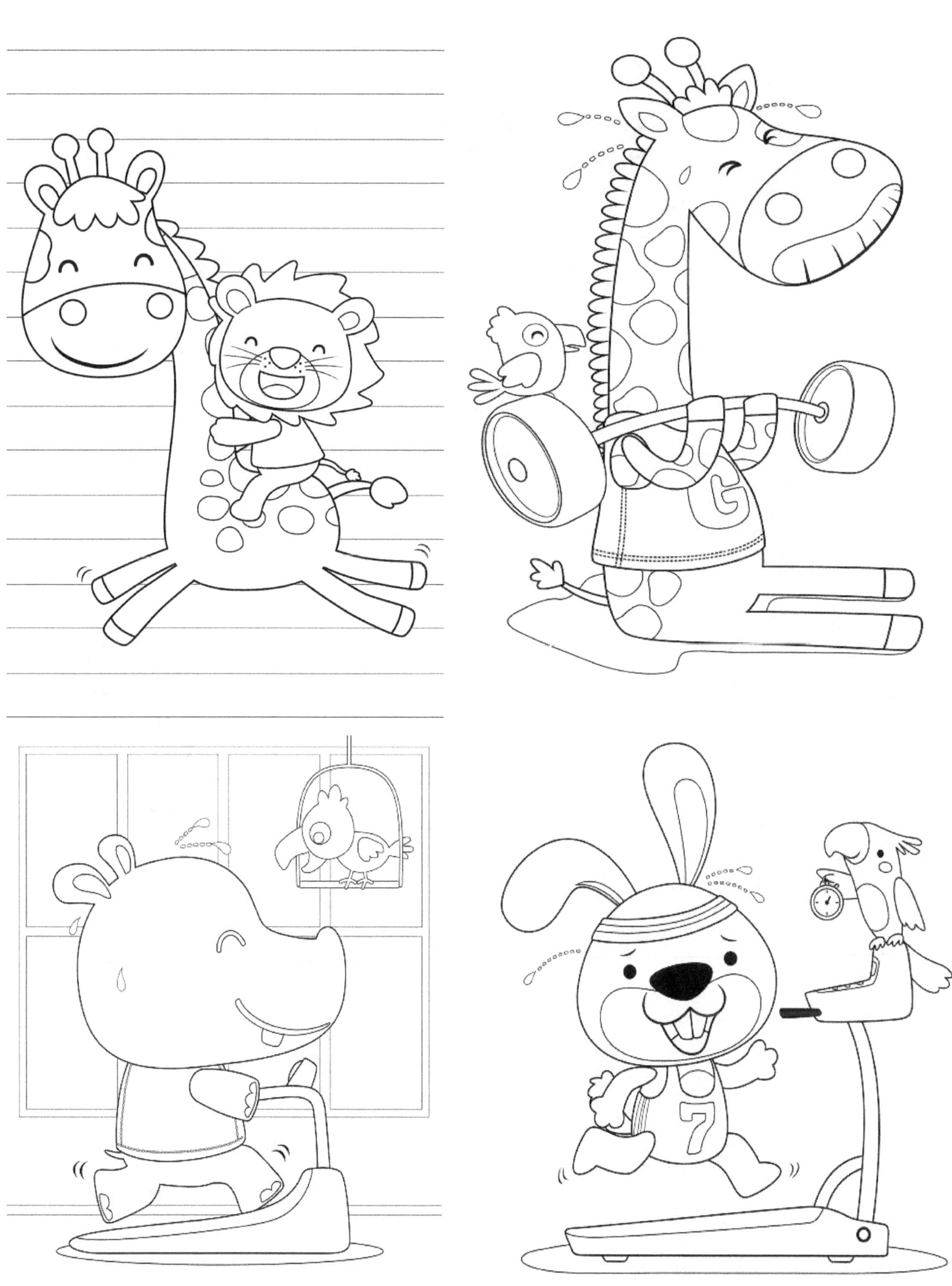

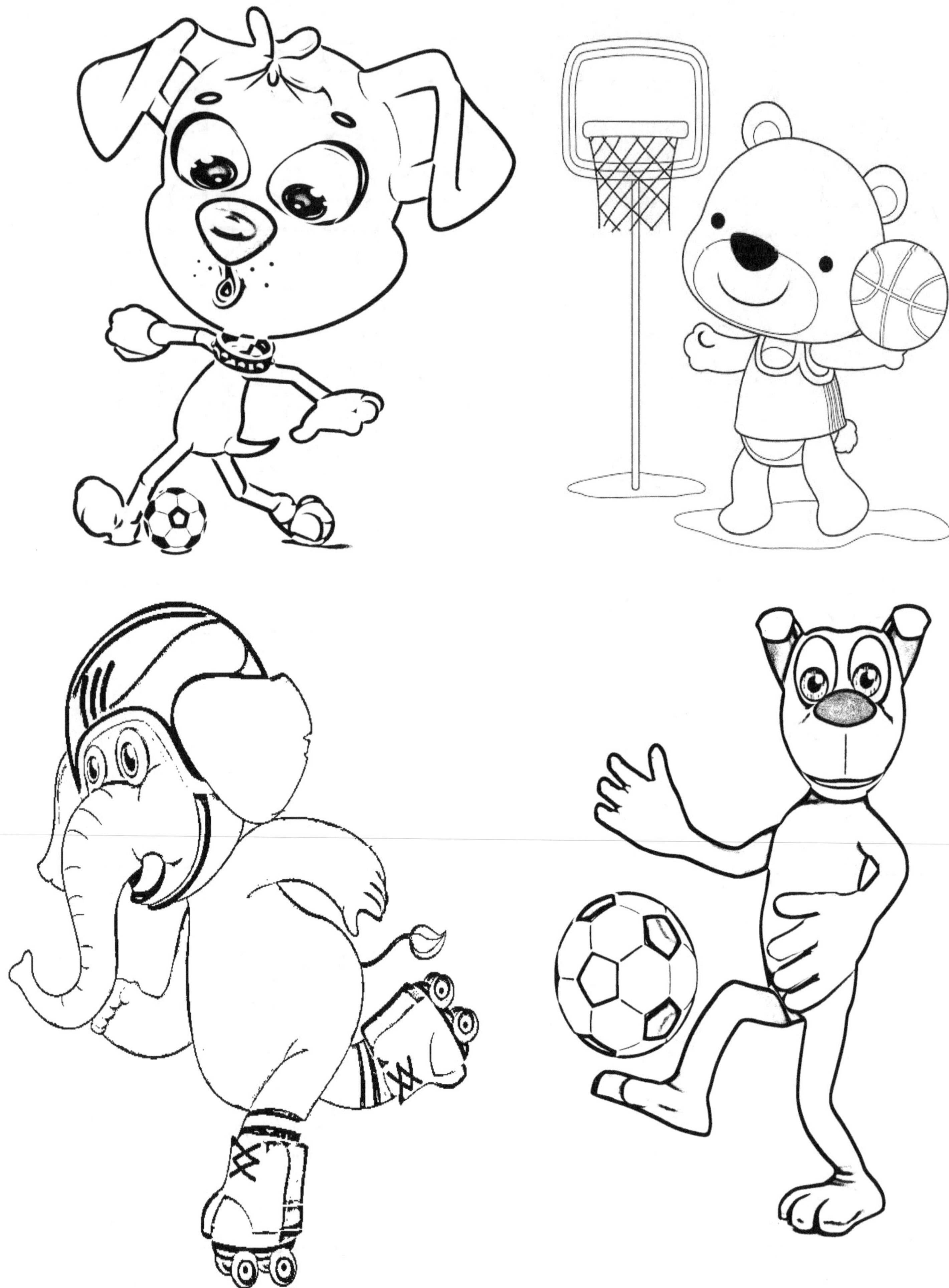

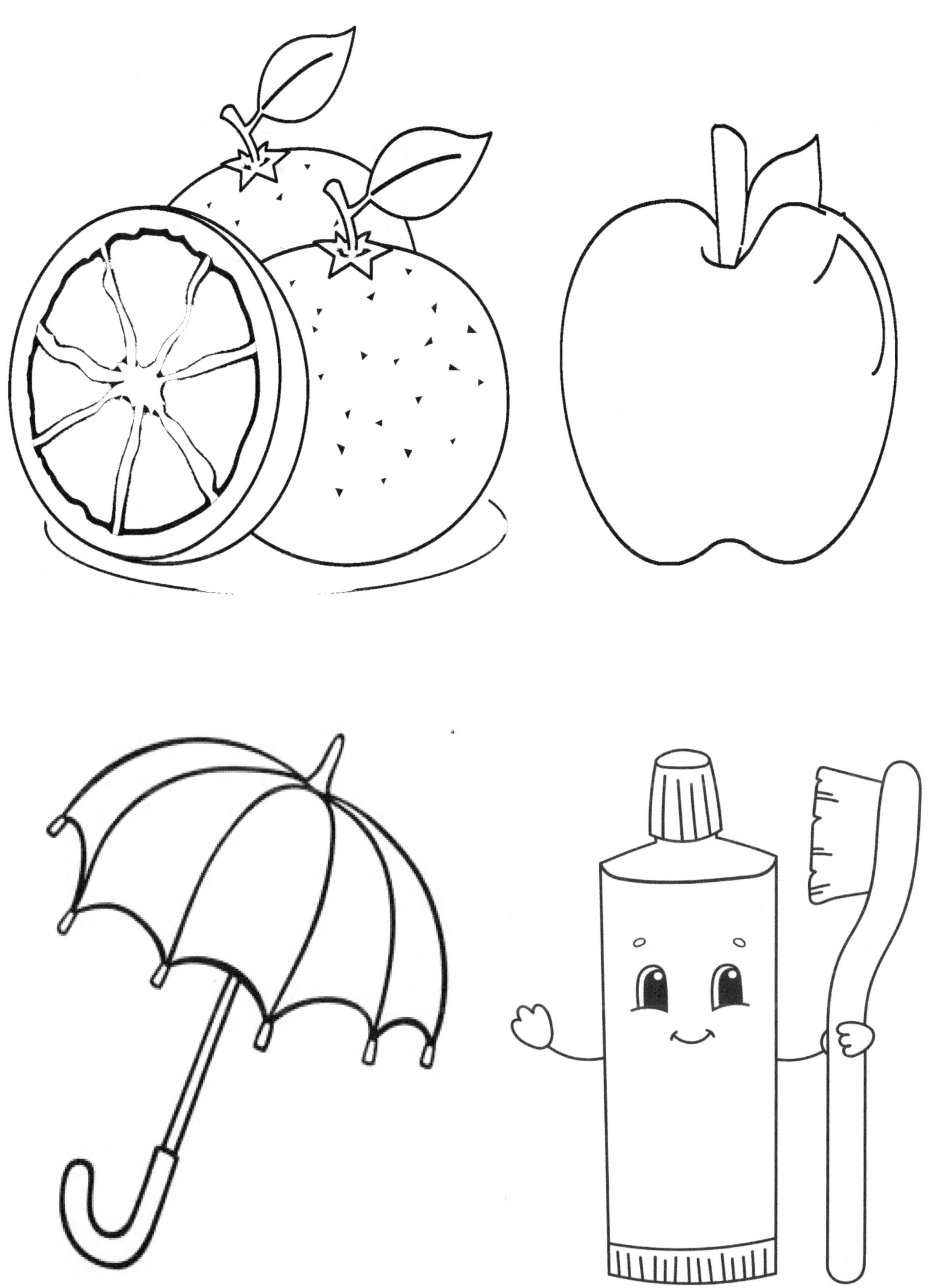

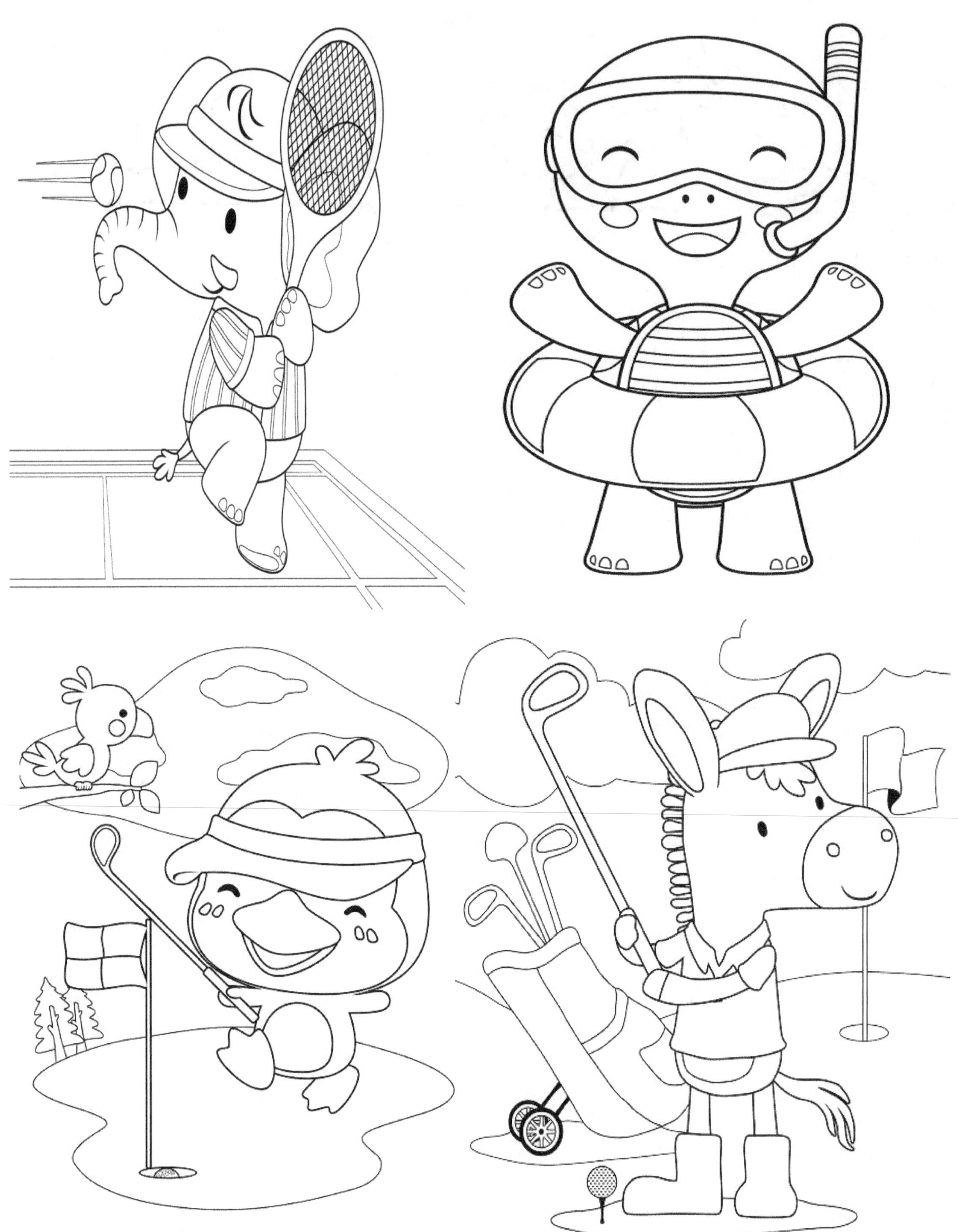

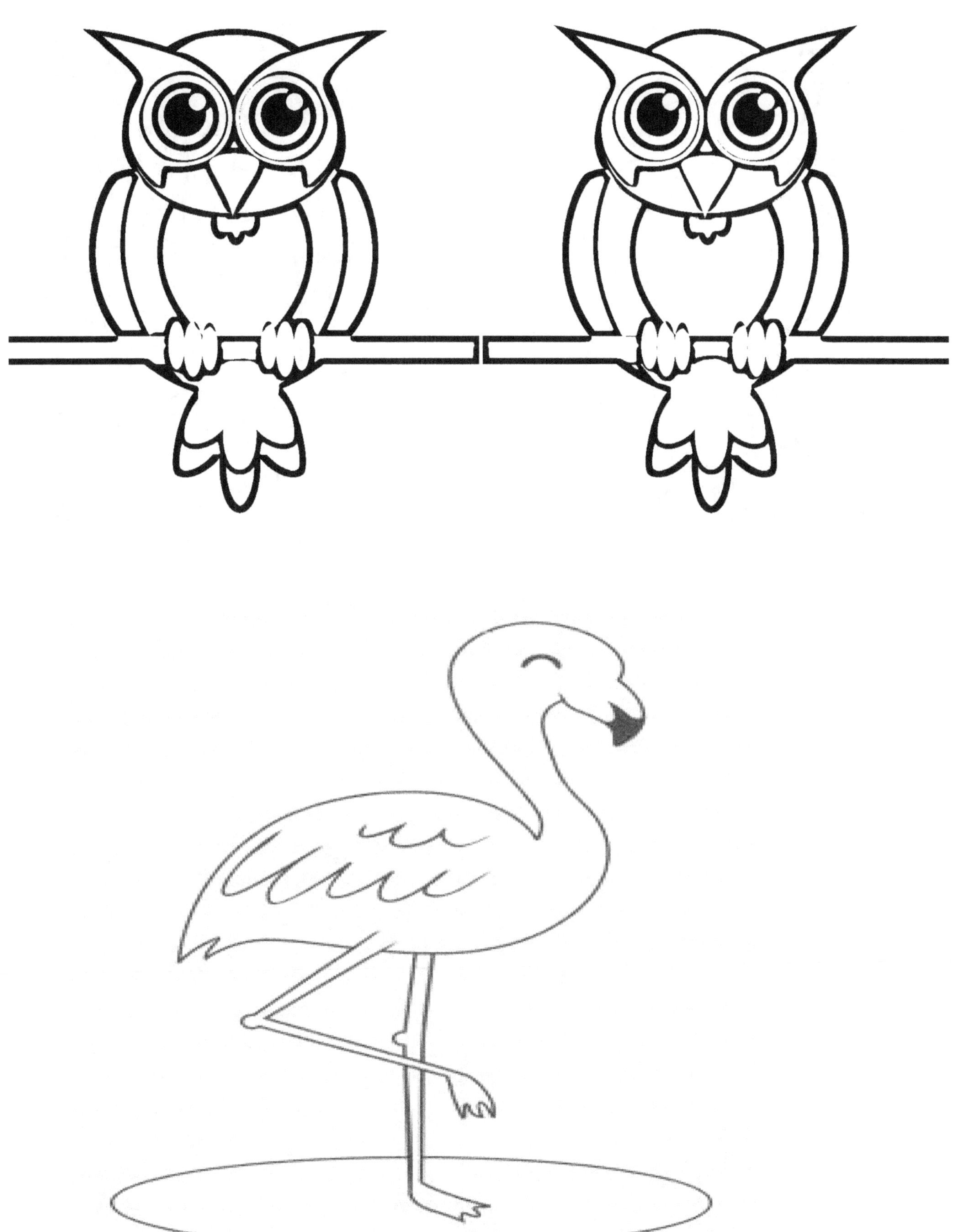

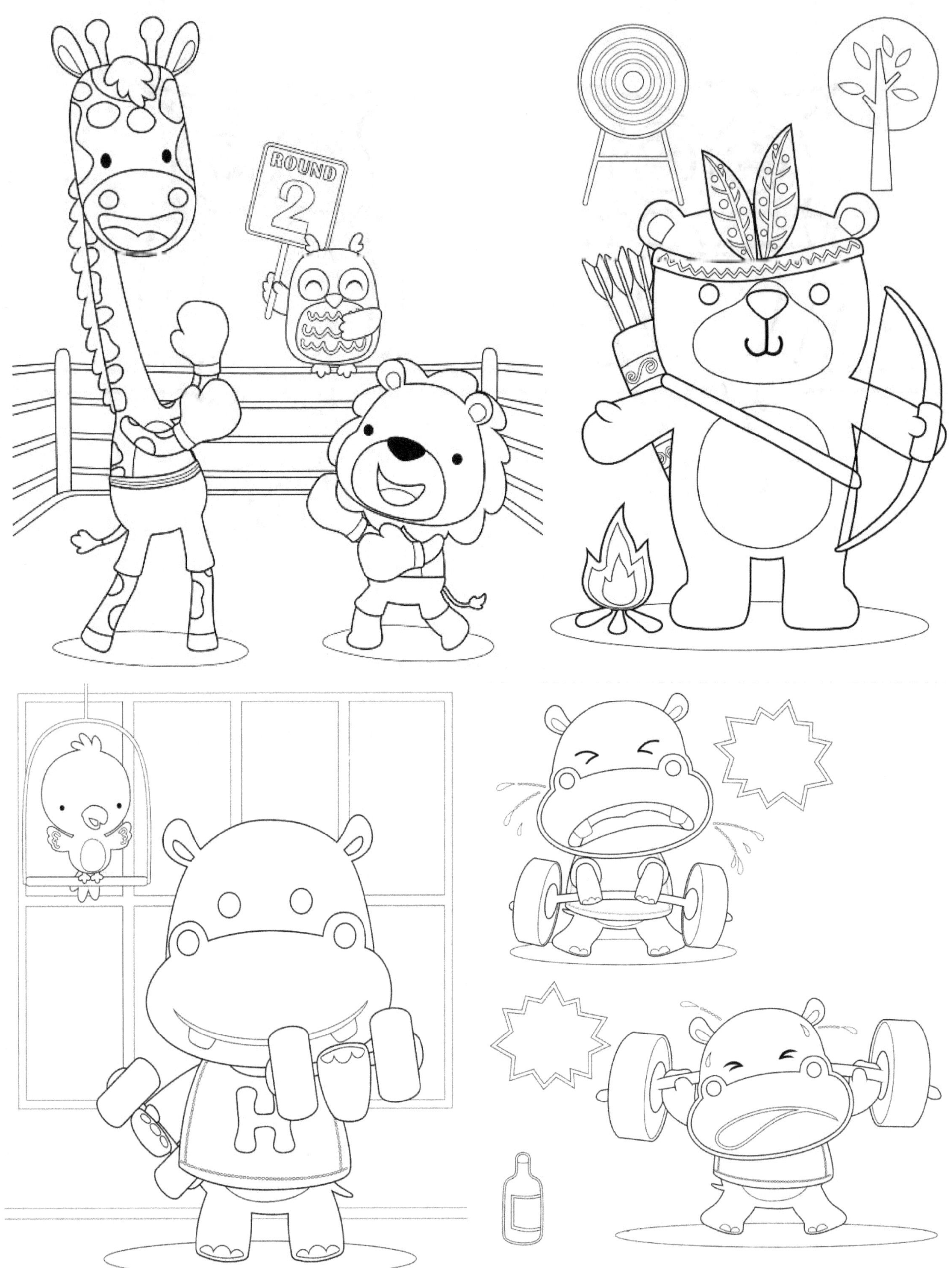
ROUND
2

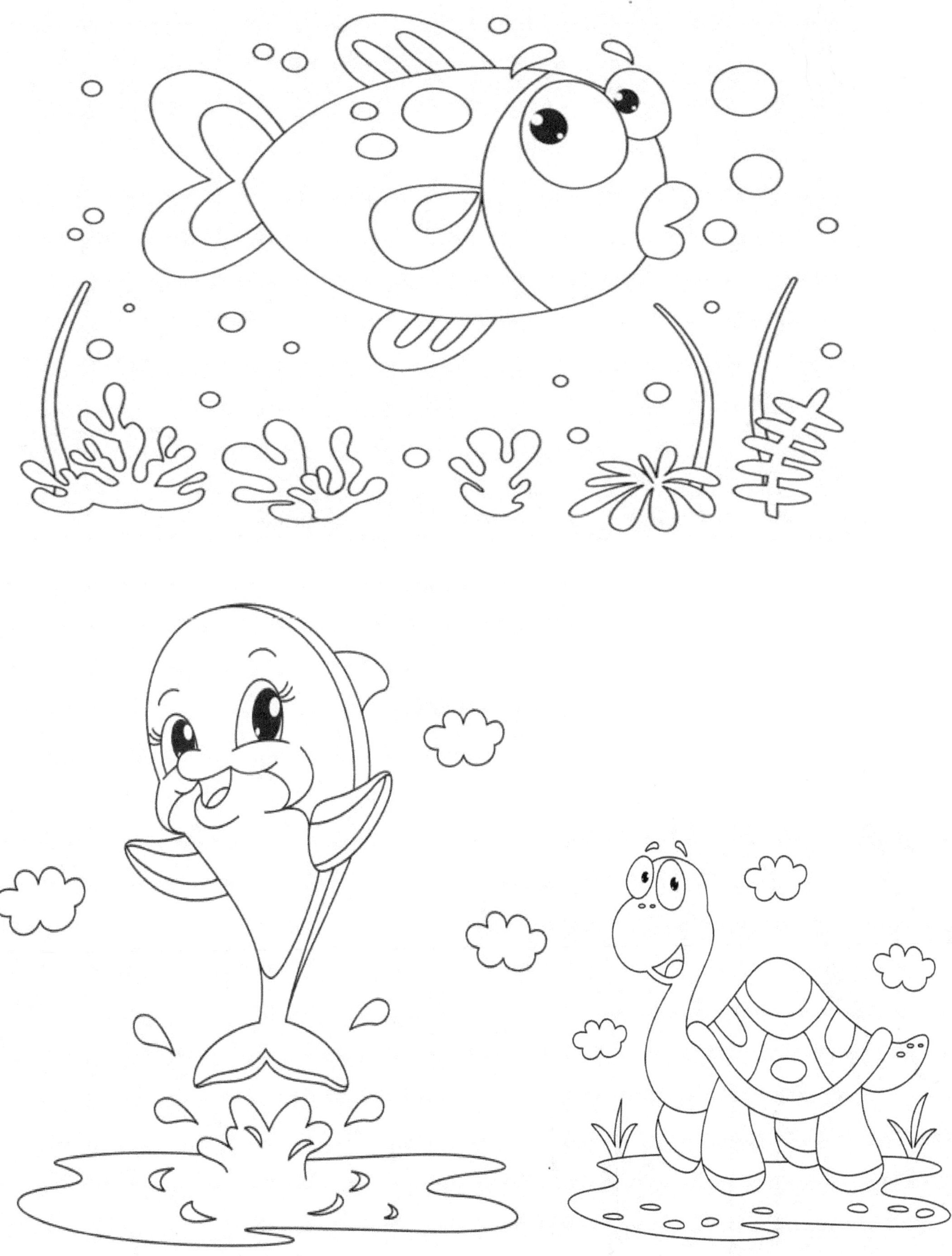

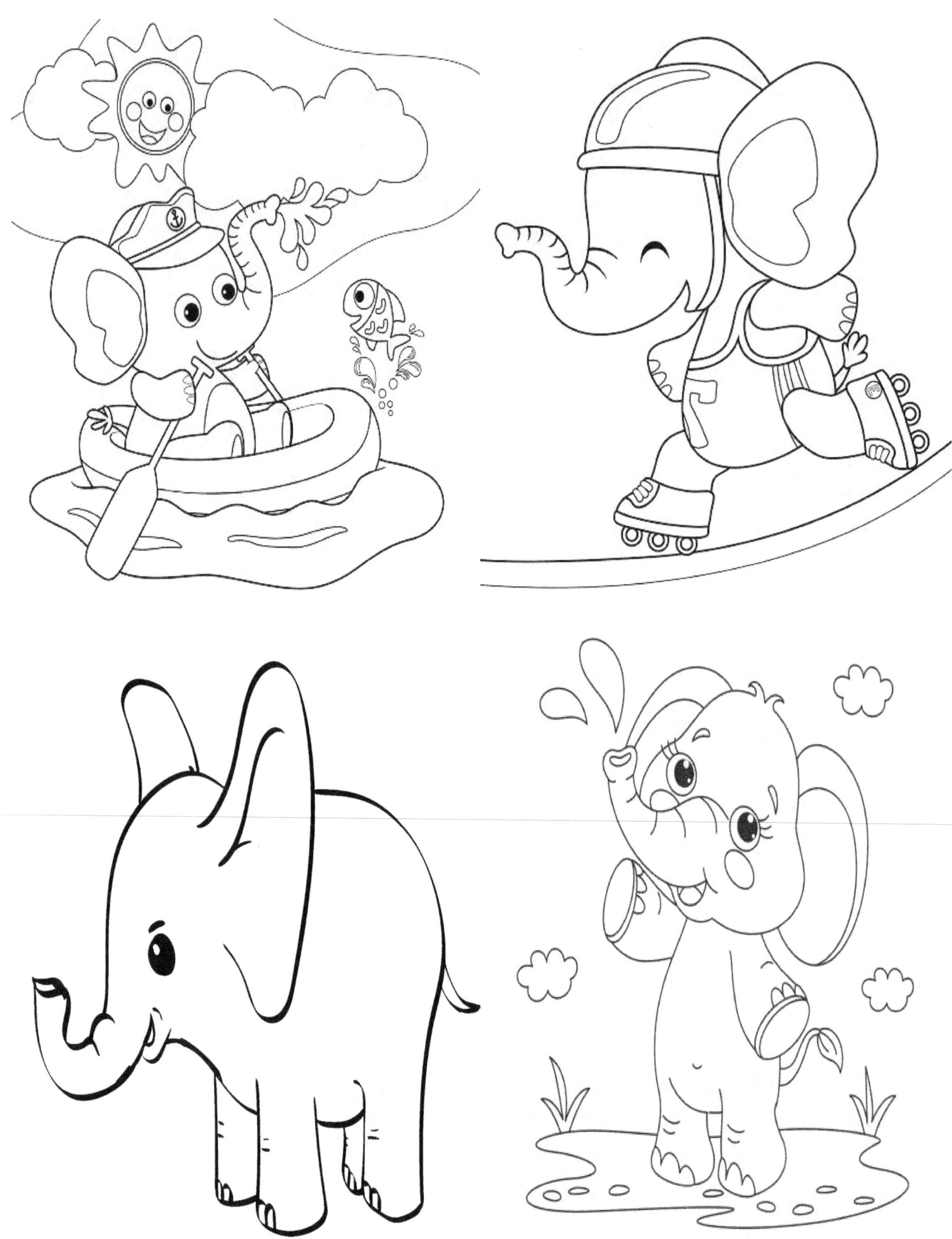

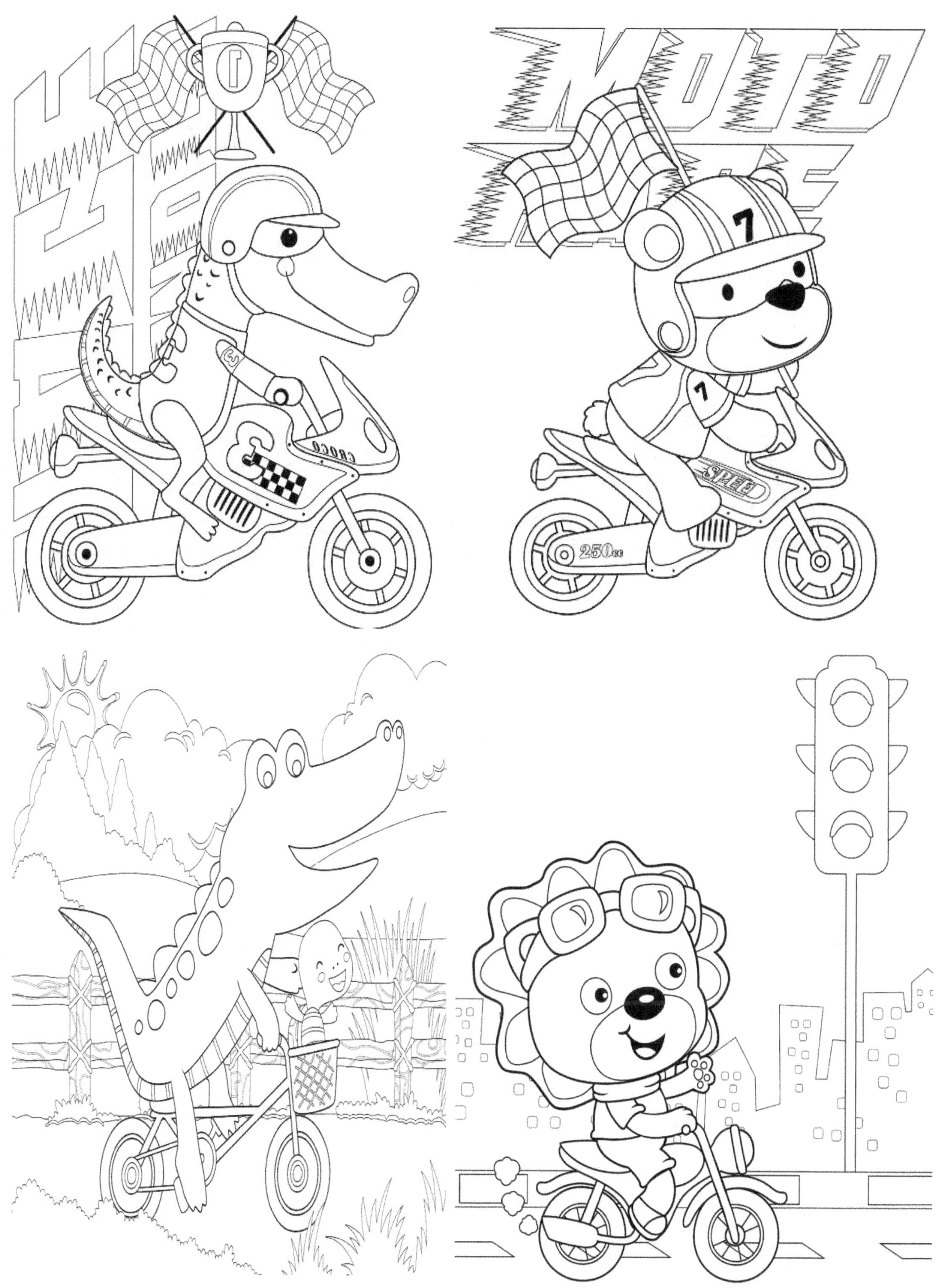
CROCO
MOTO
7
7
250cc
SPEED

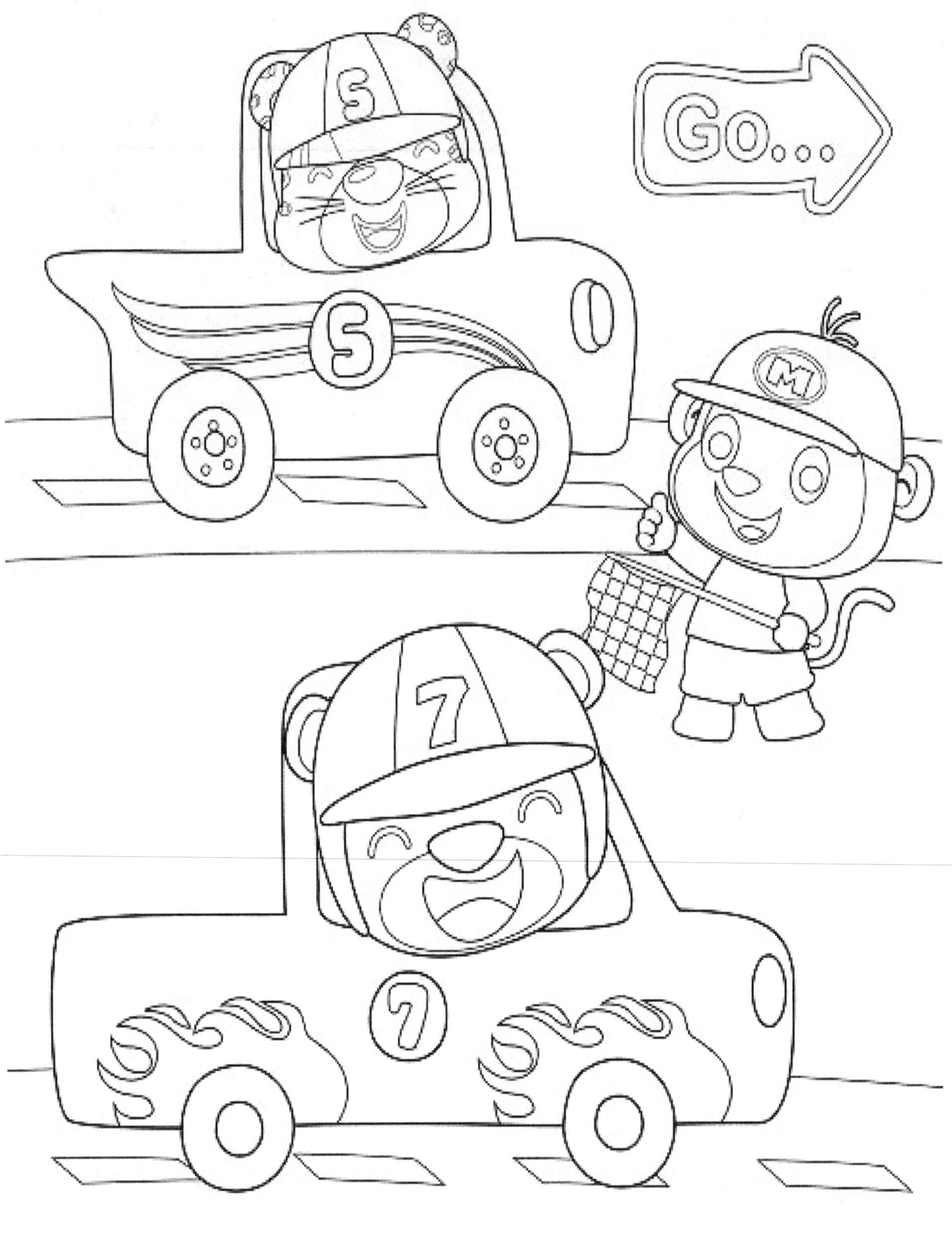

5
5
Go...
M
7
7

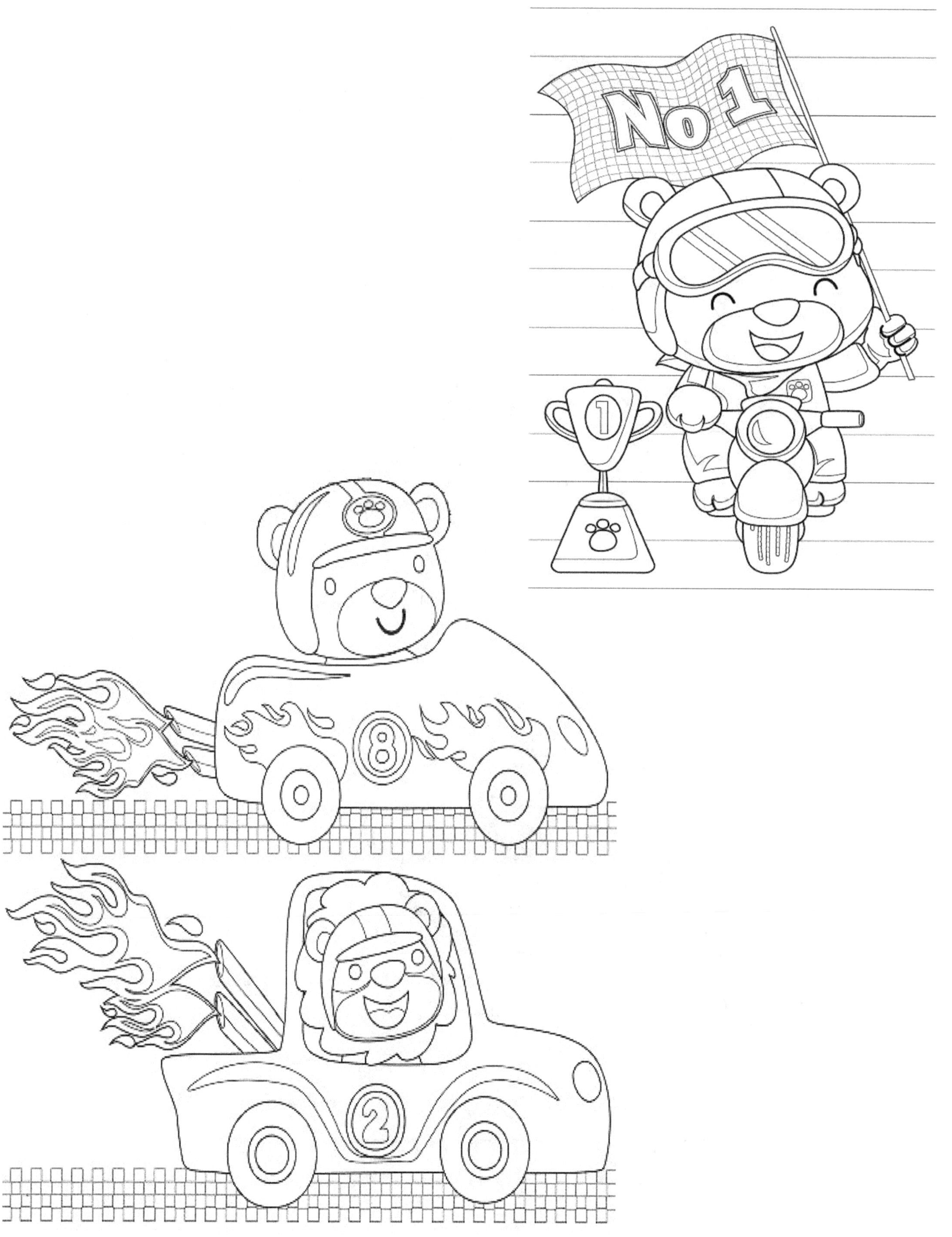

No 1
1
8
2

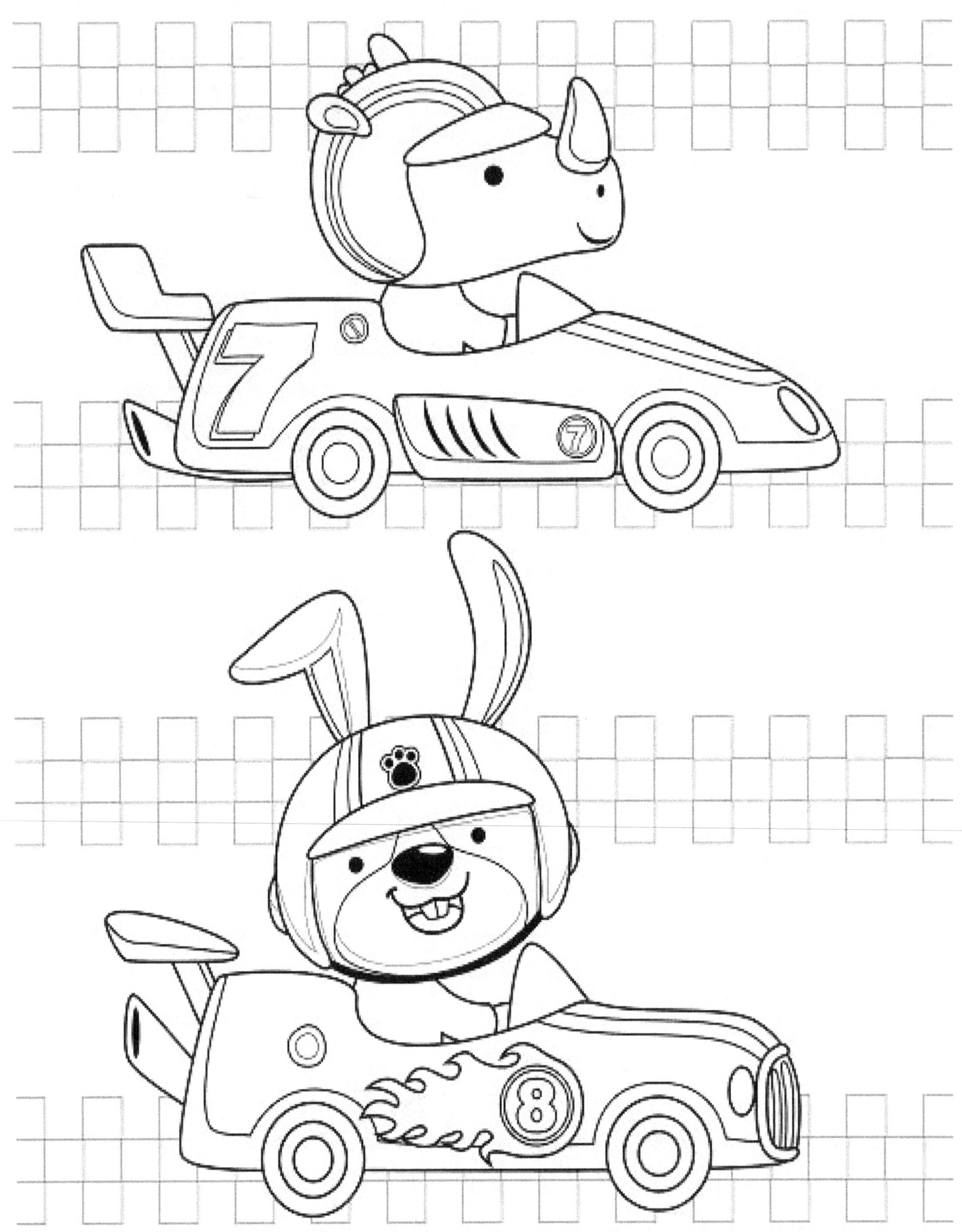

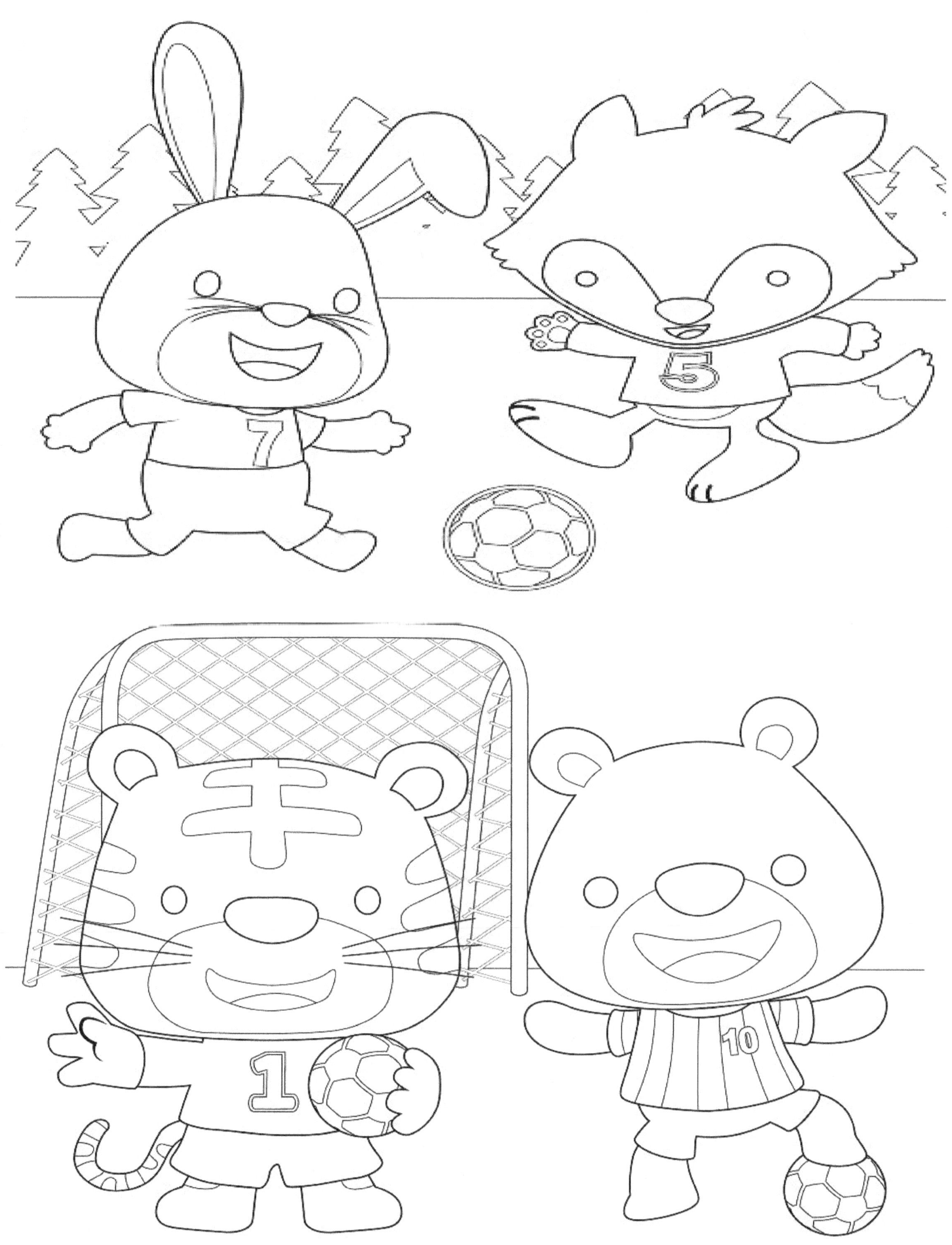

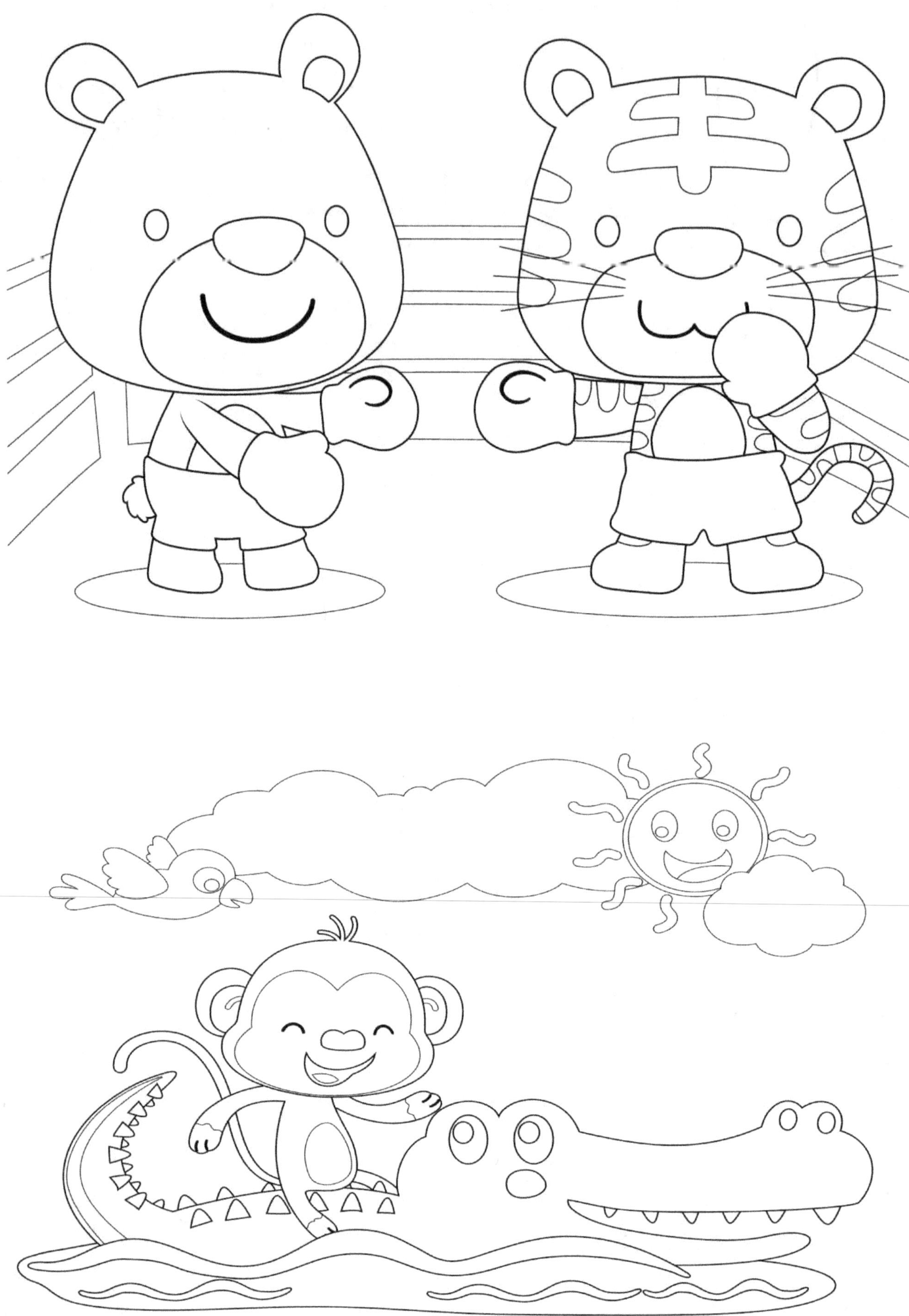

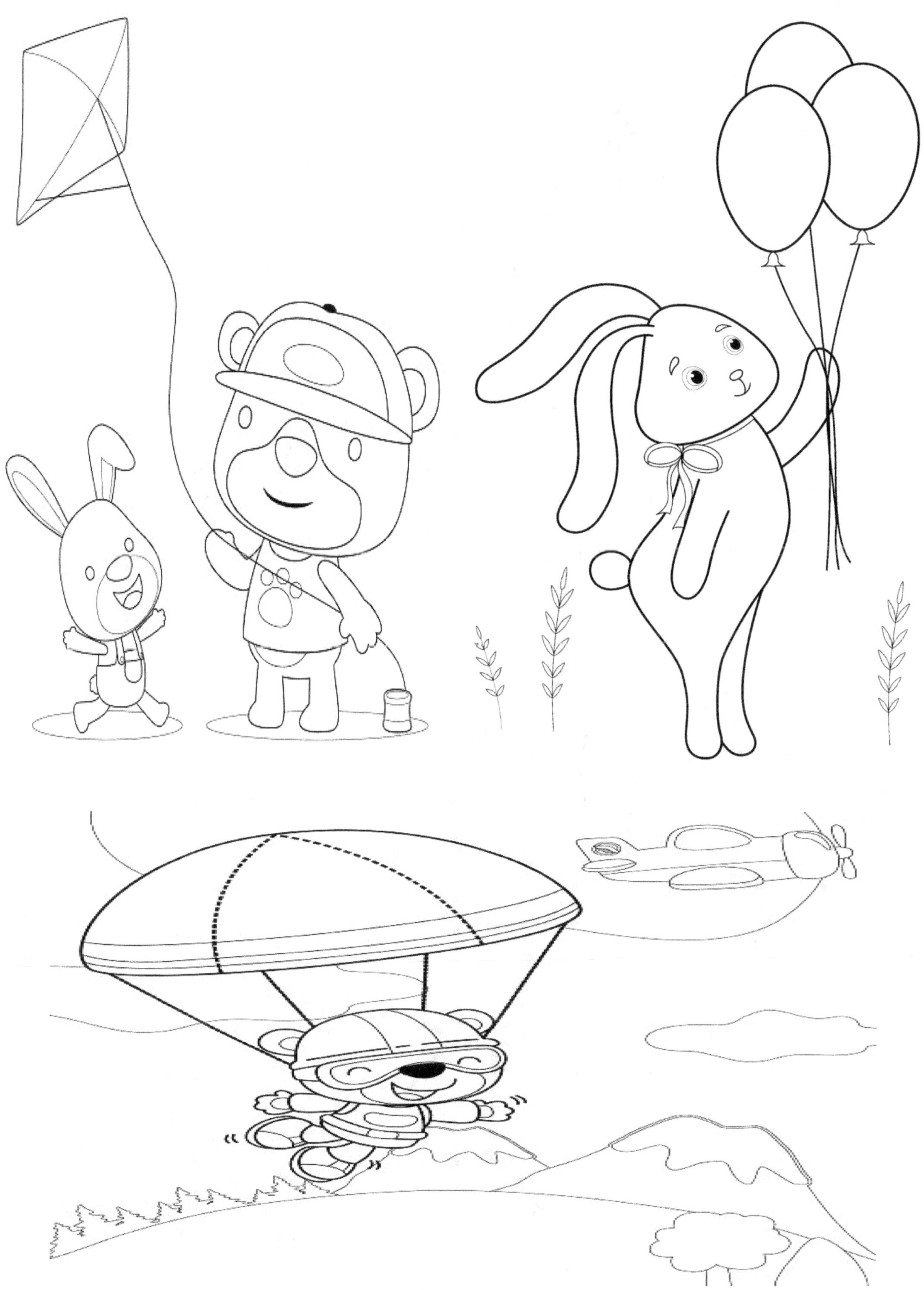

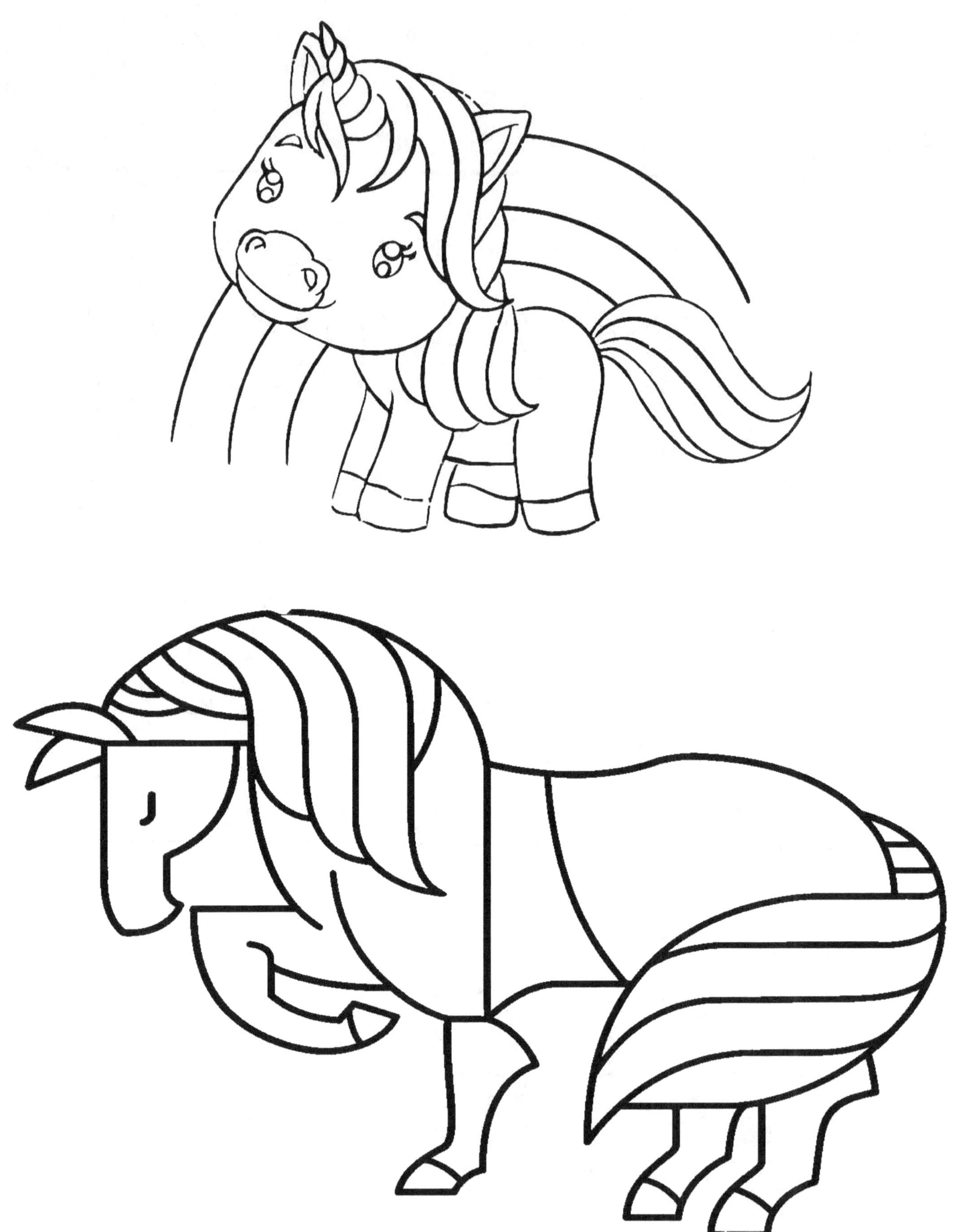

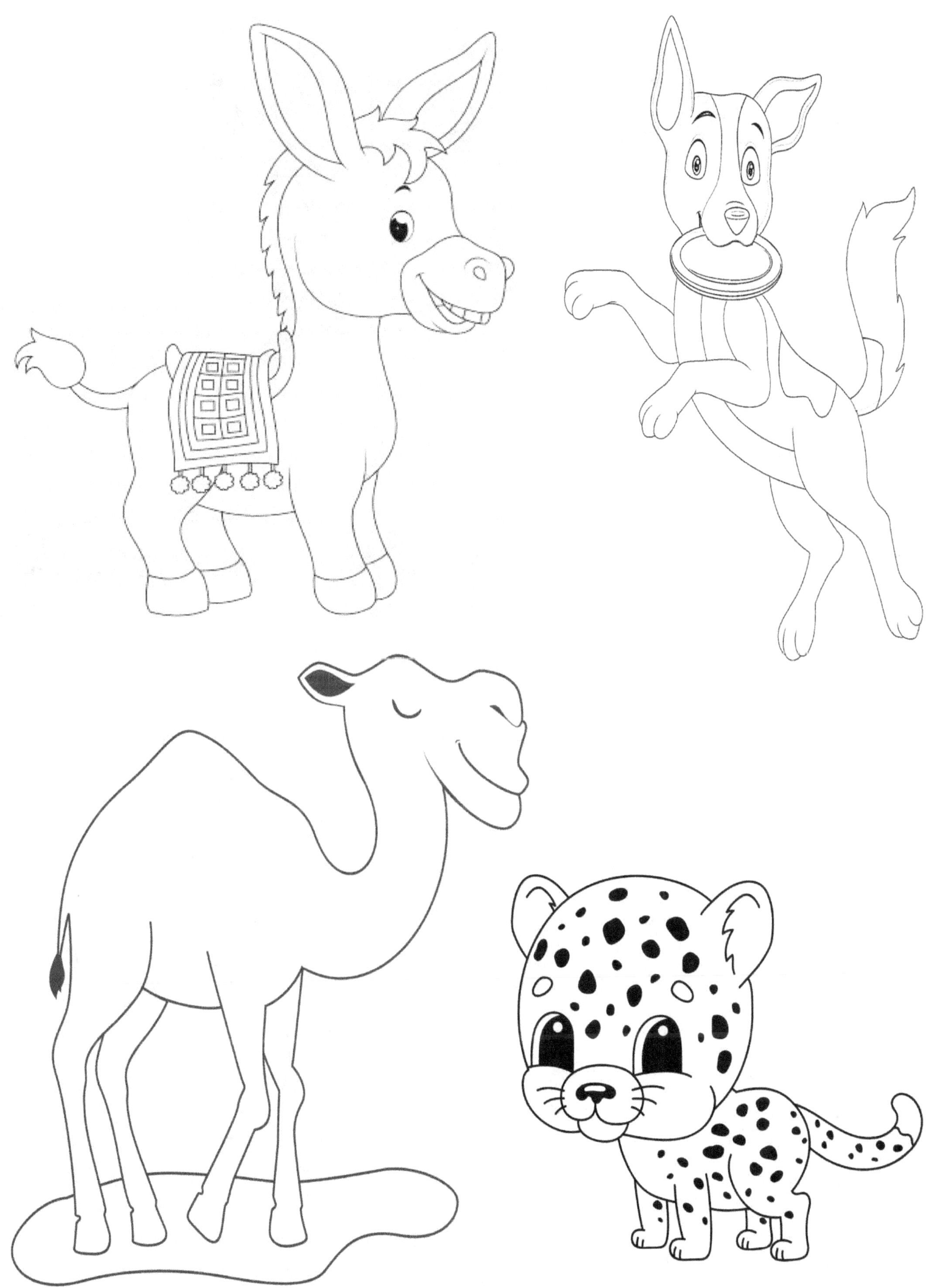

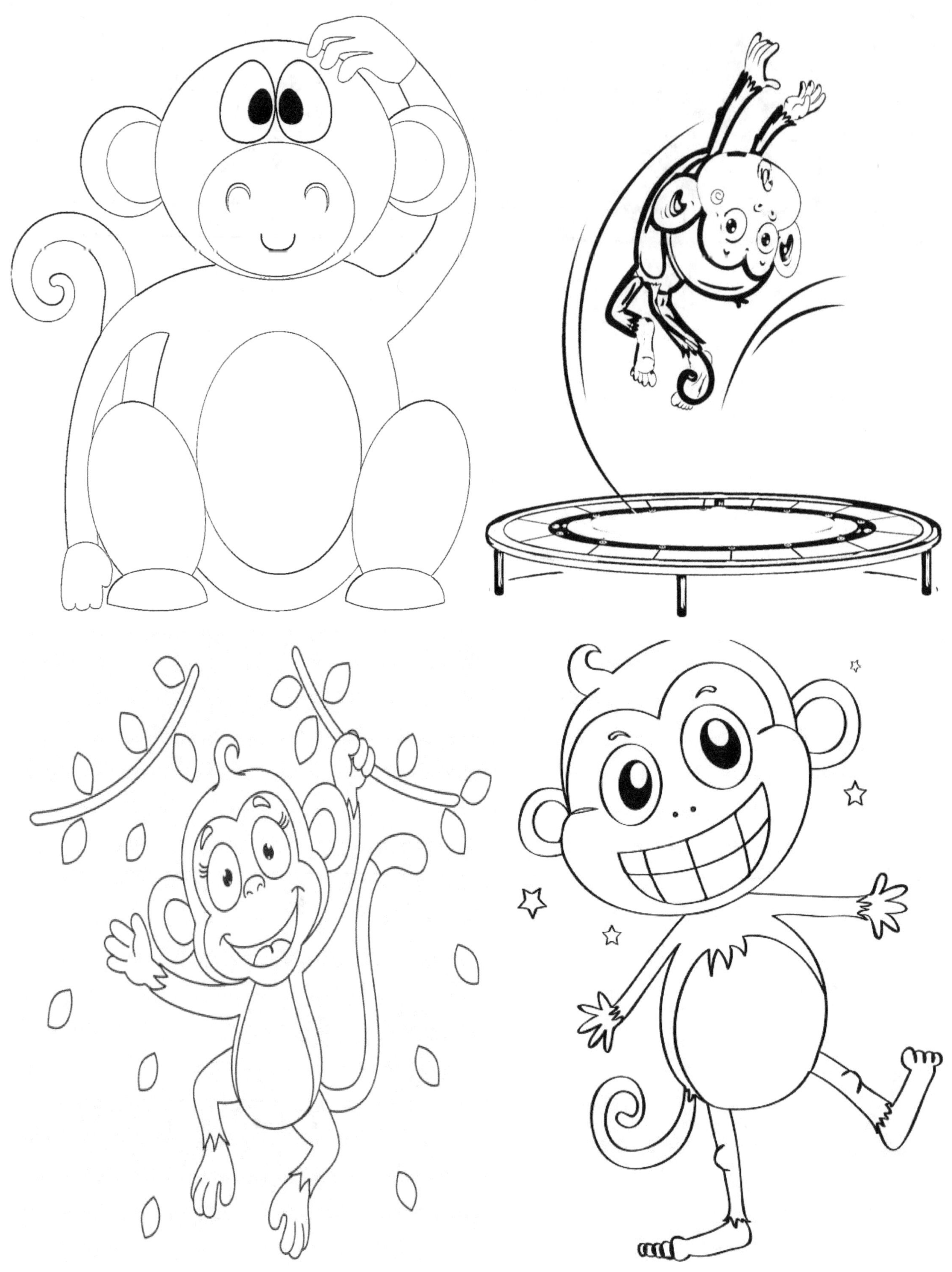

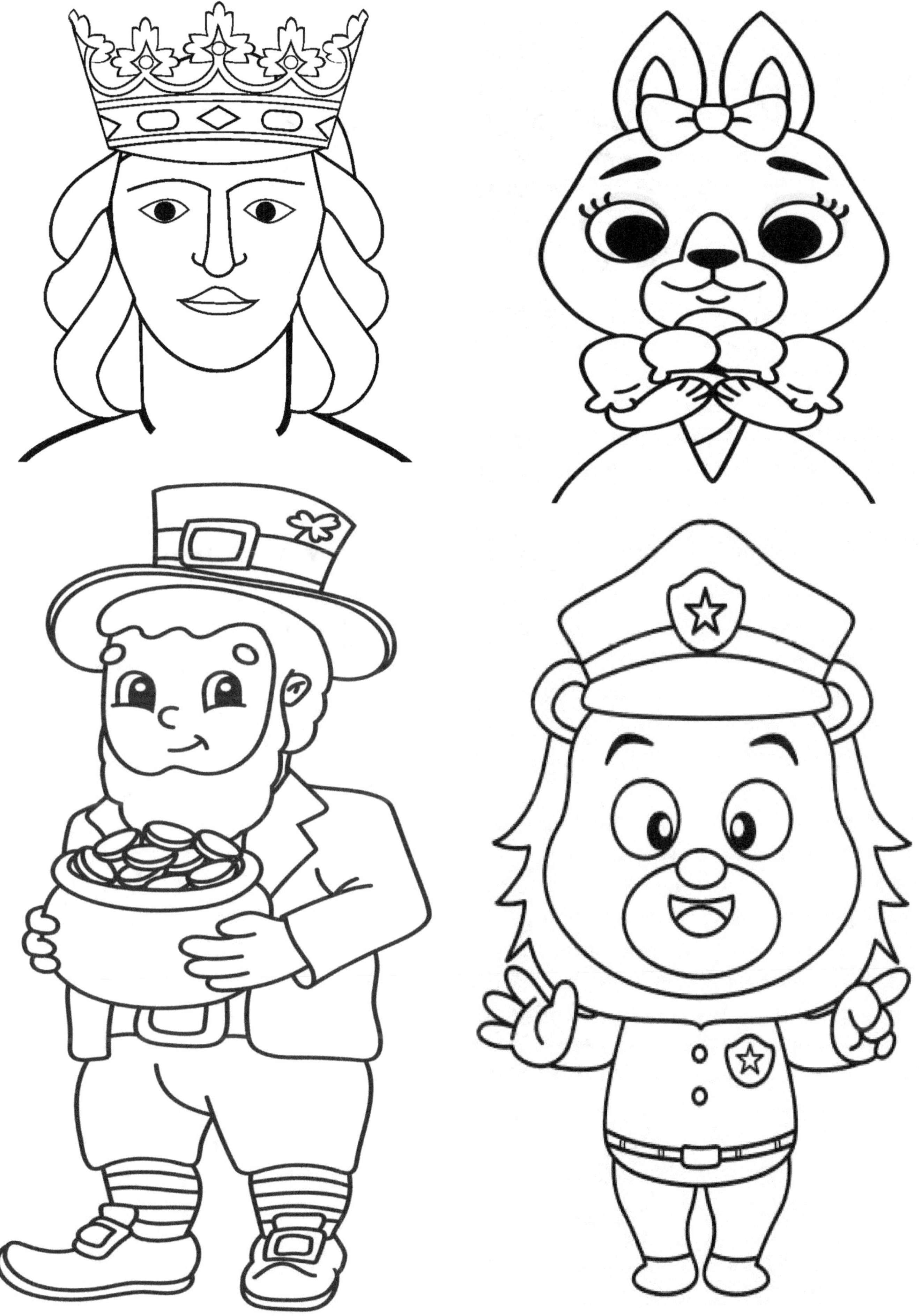

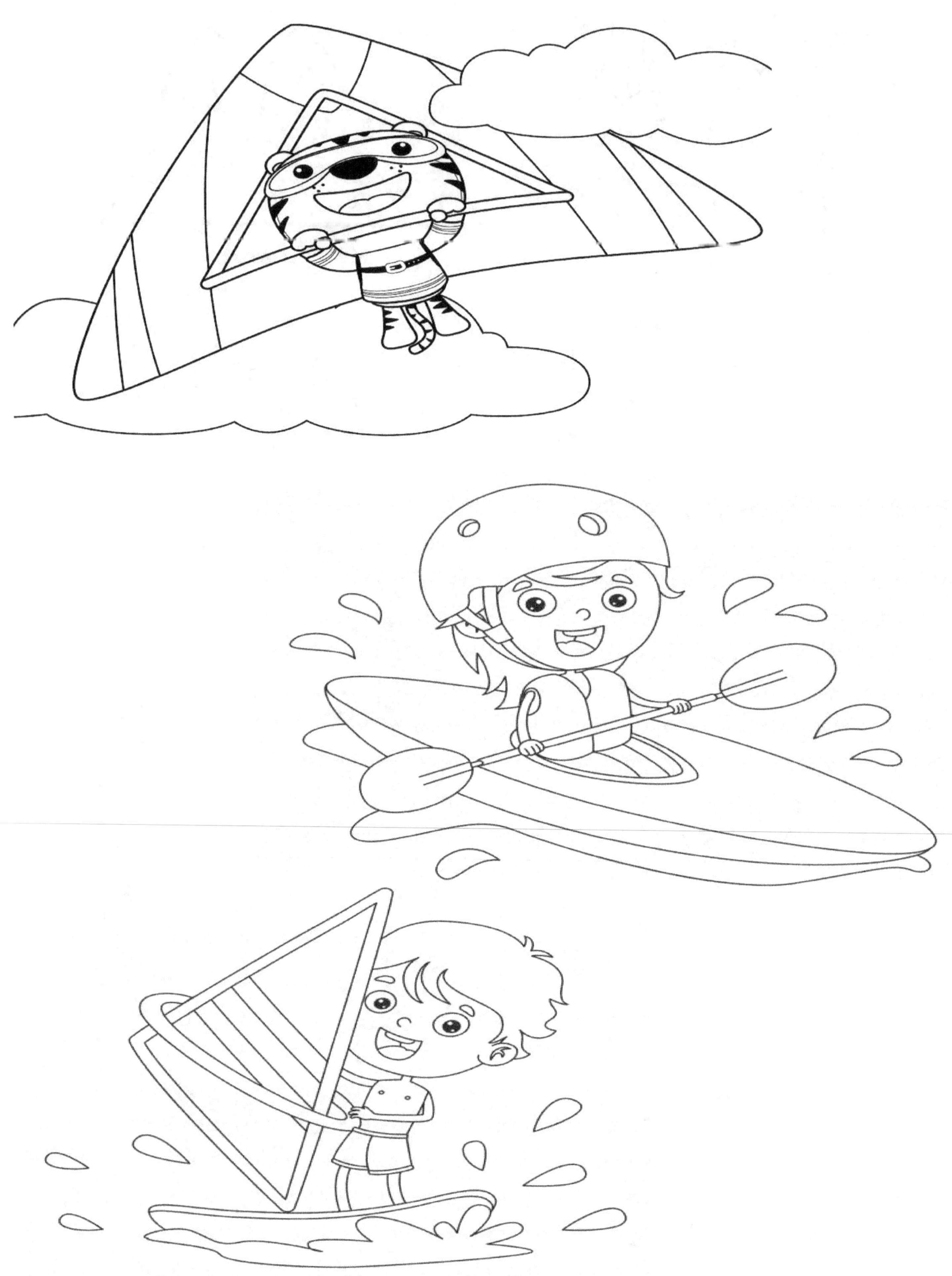

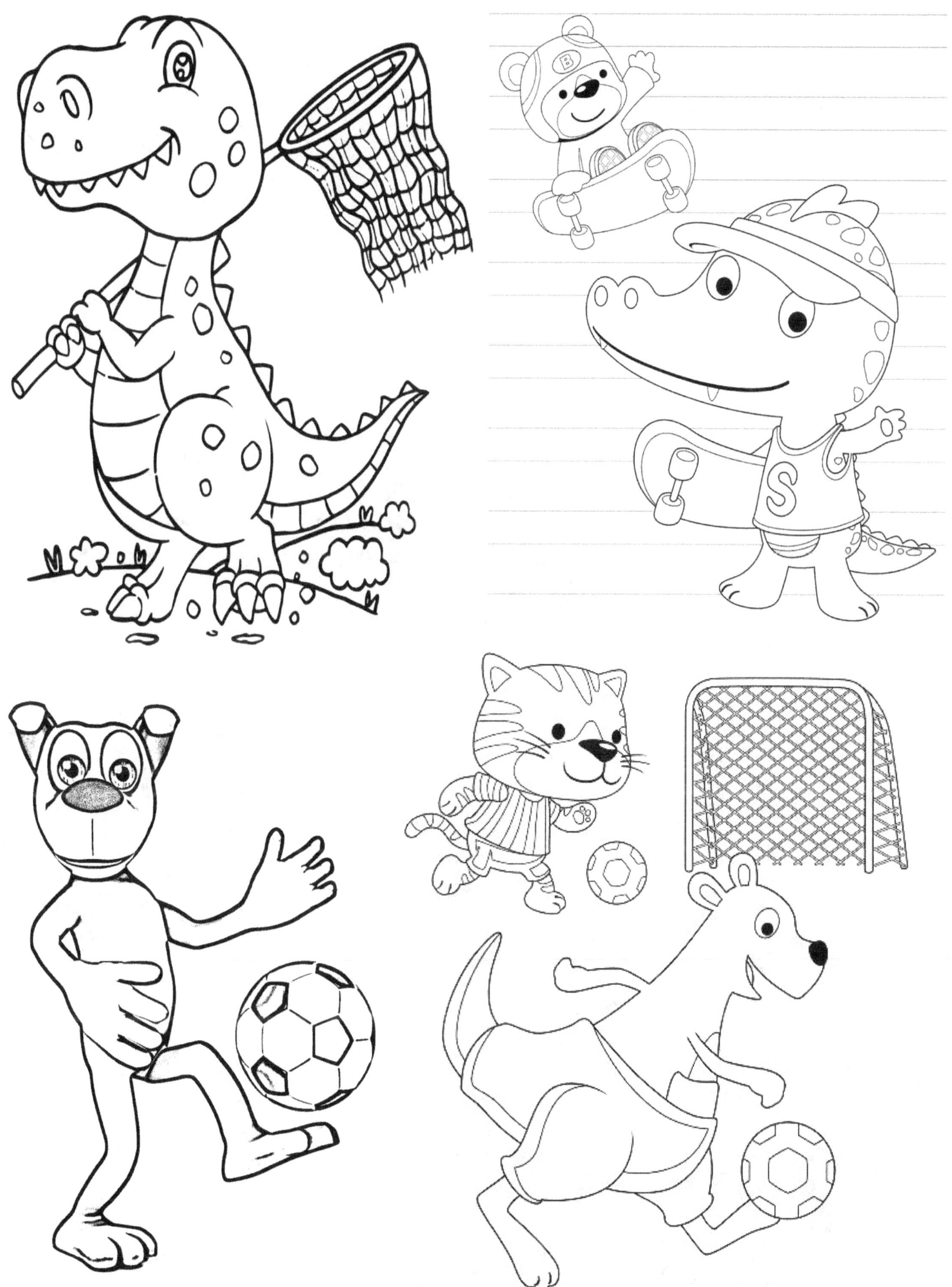

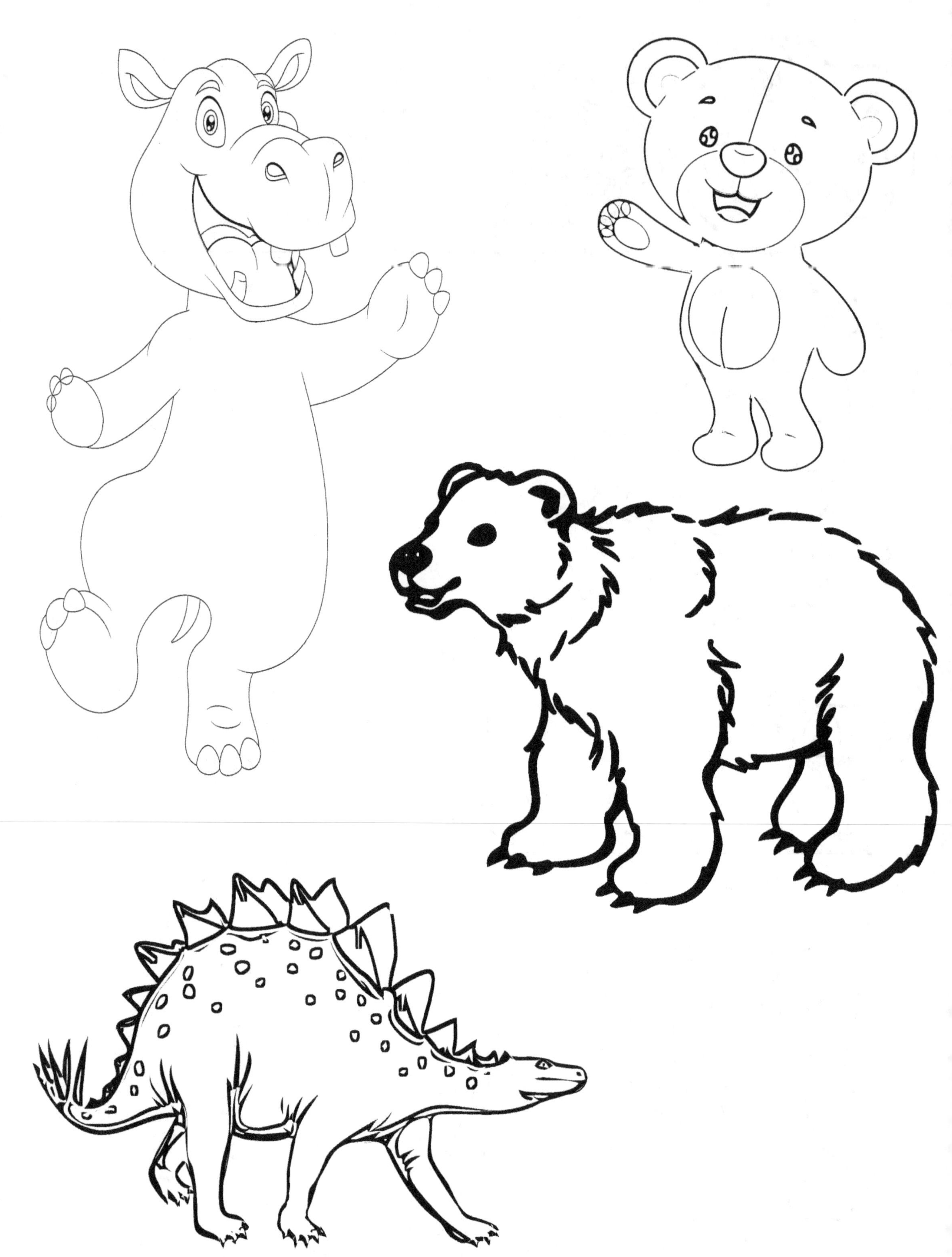

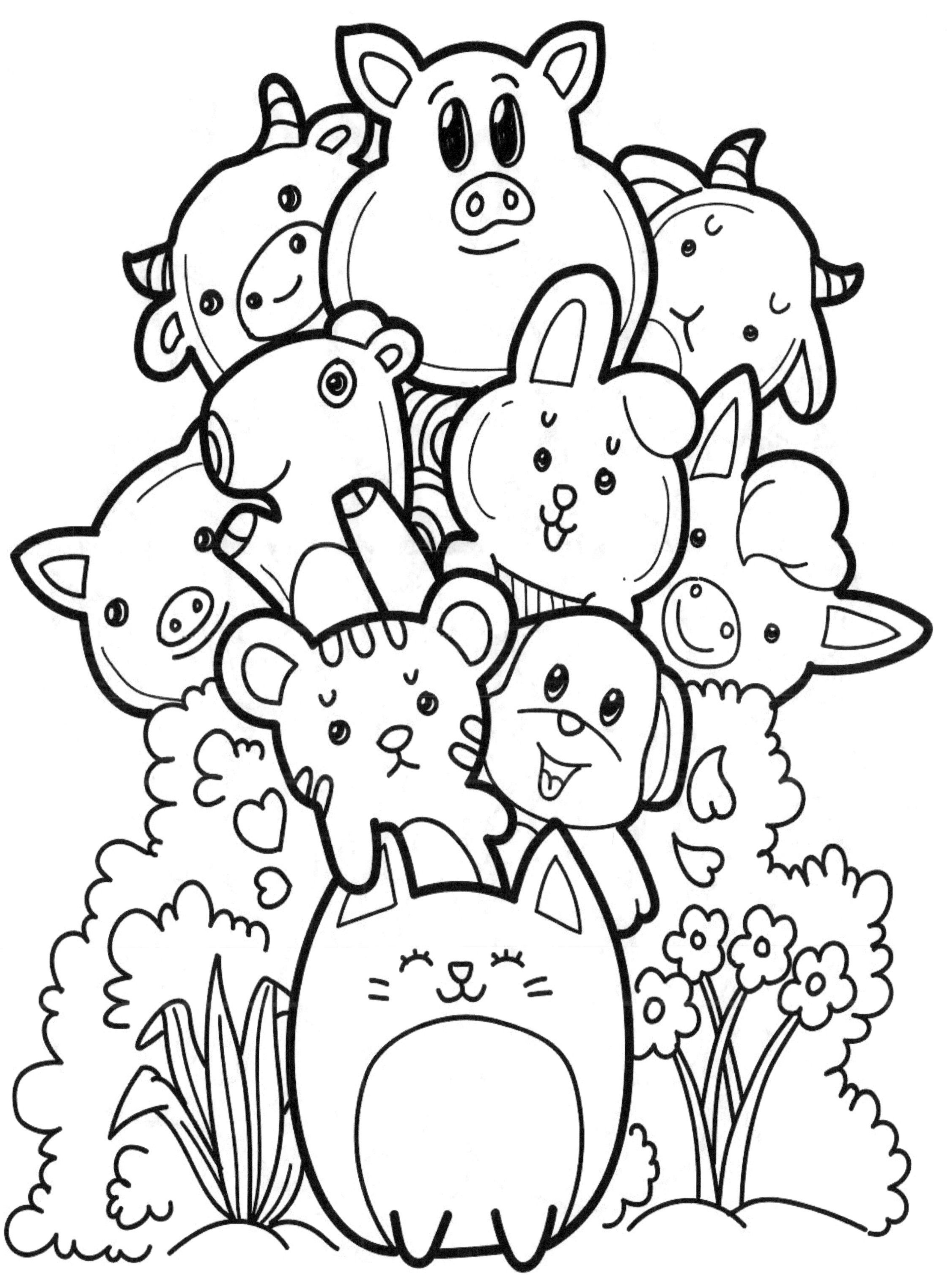

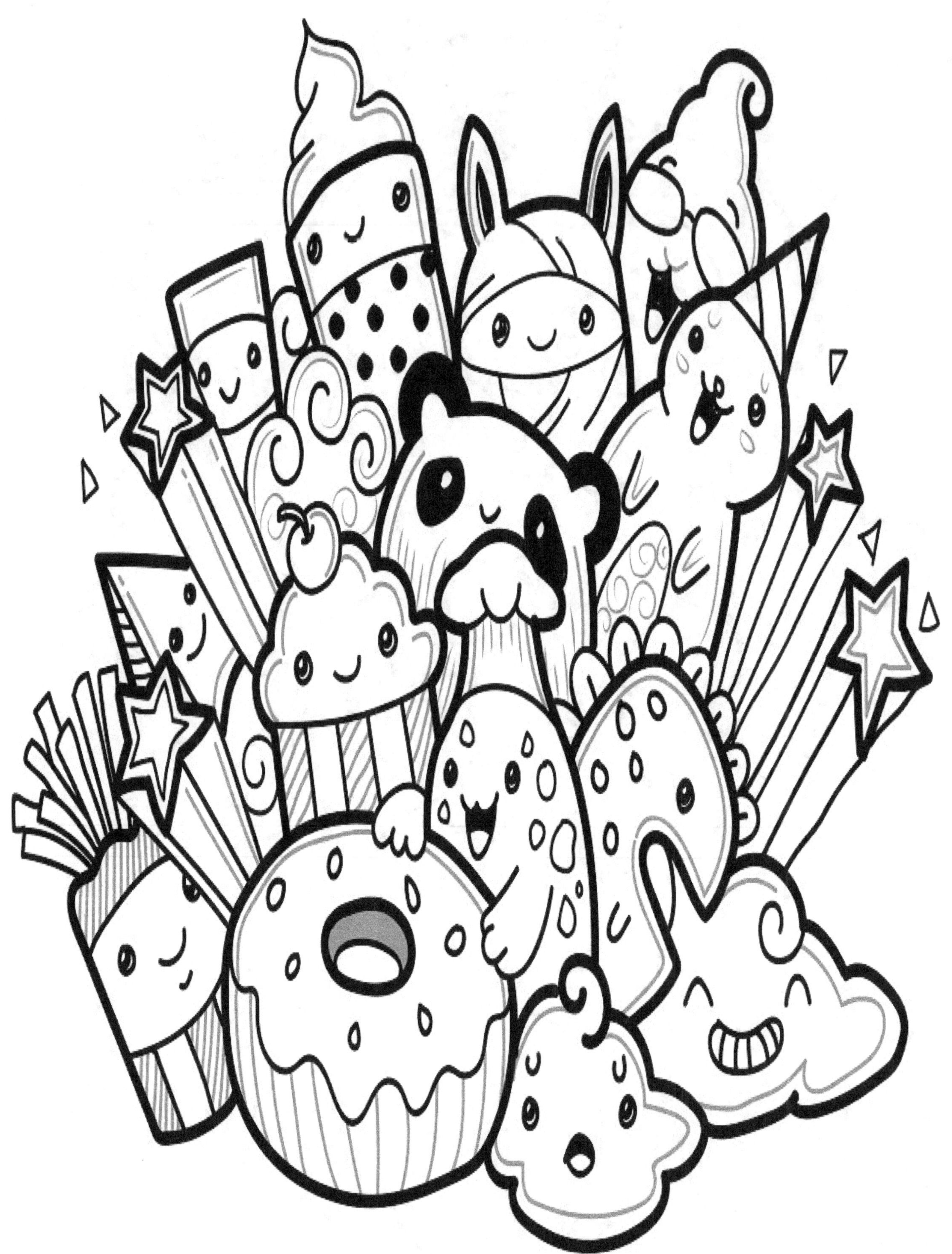

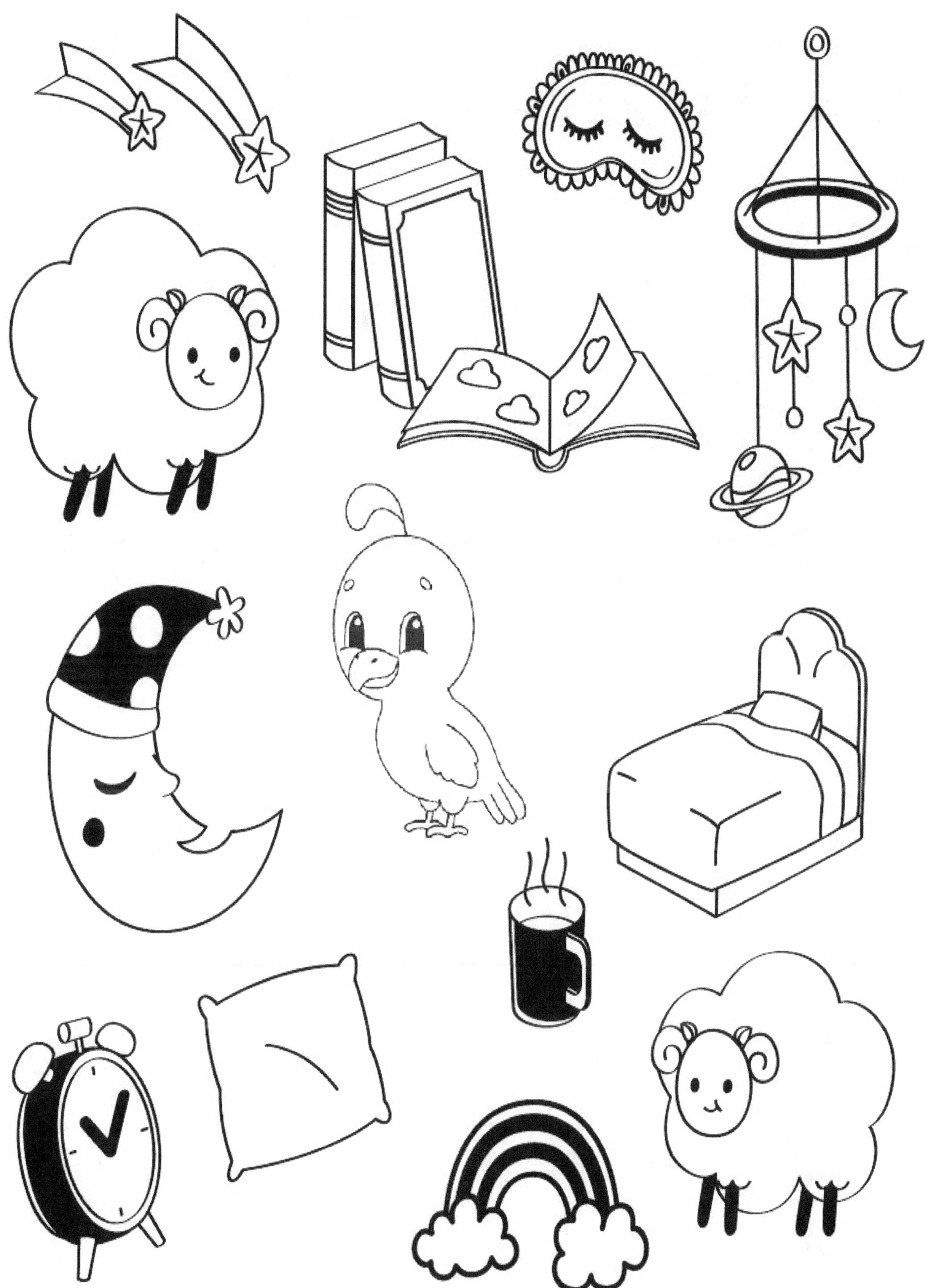

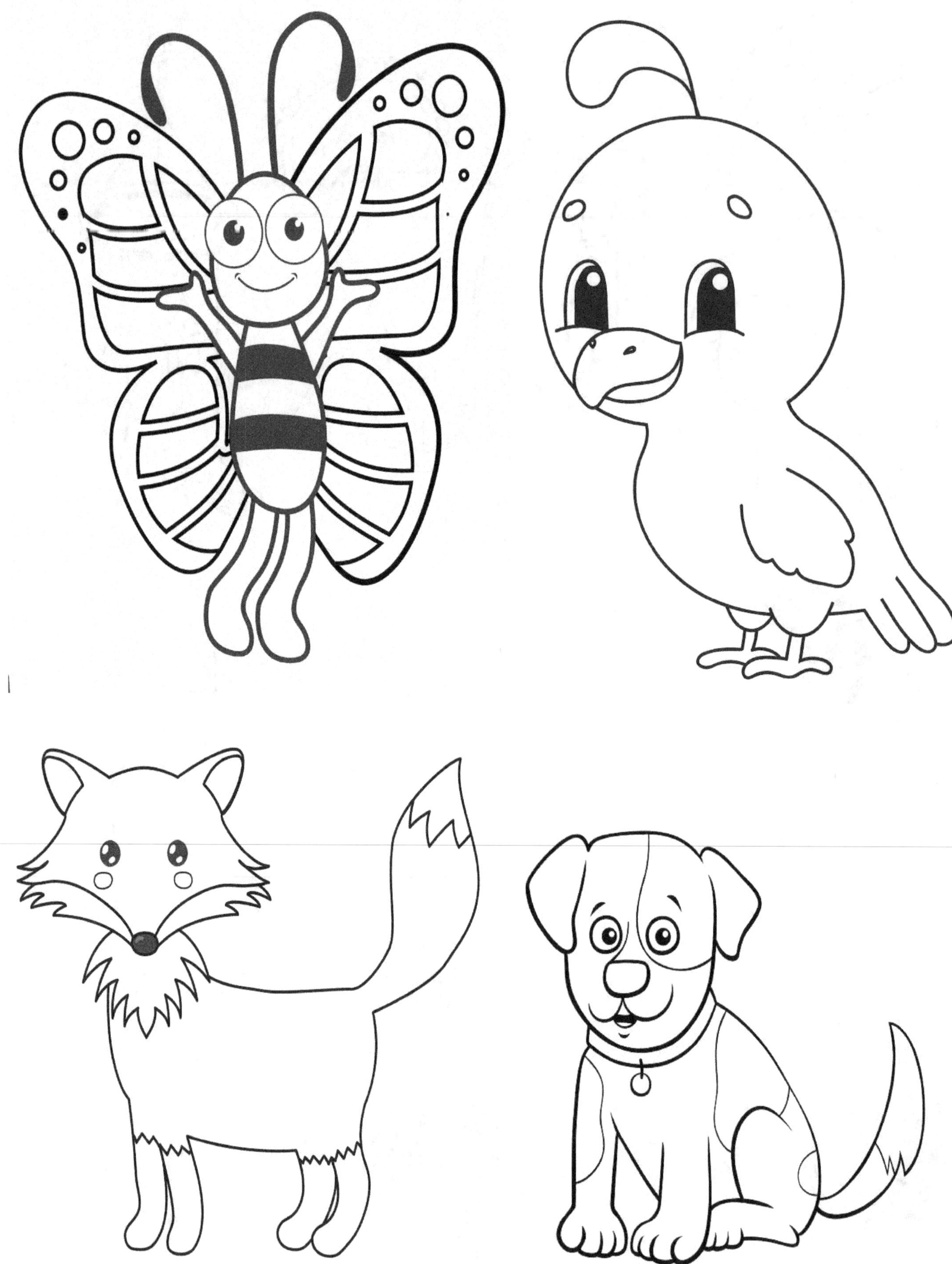

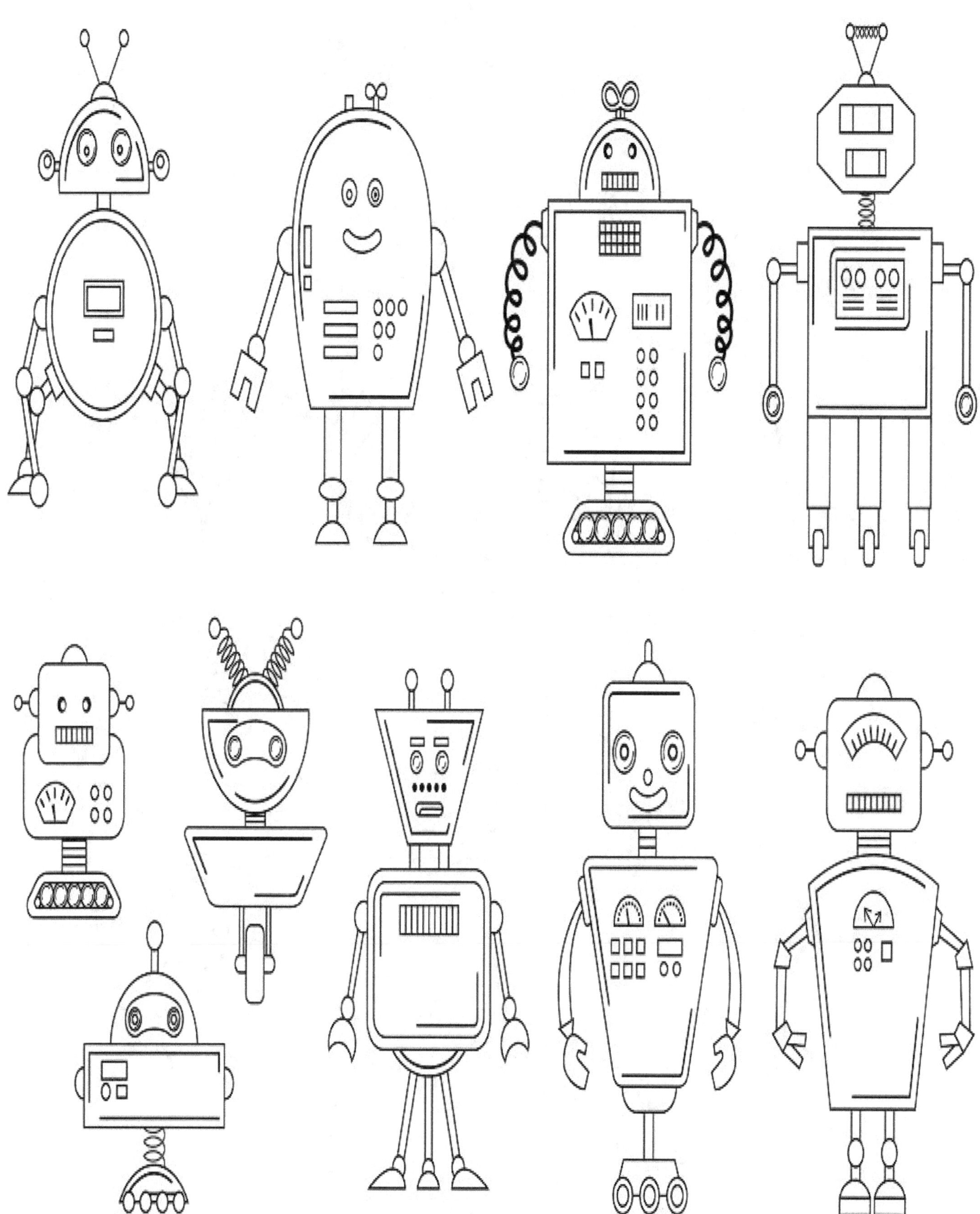

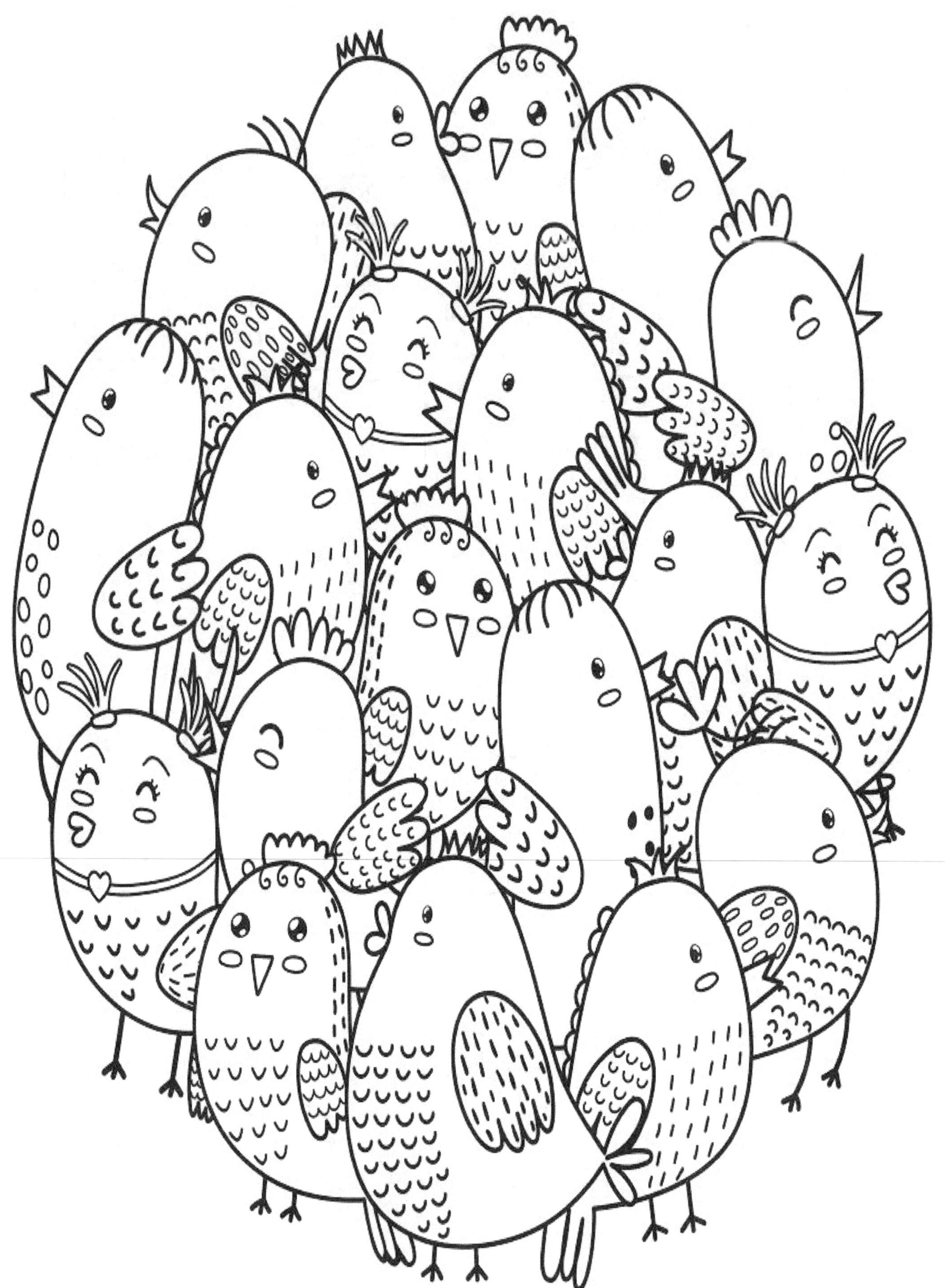

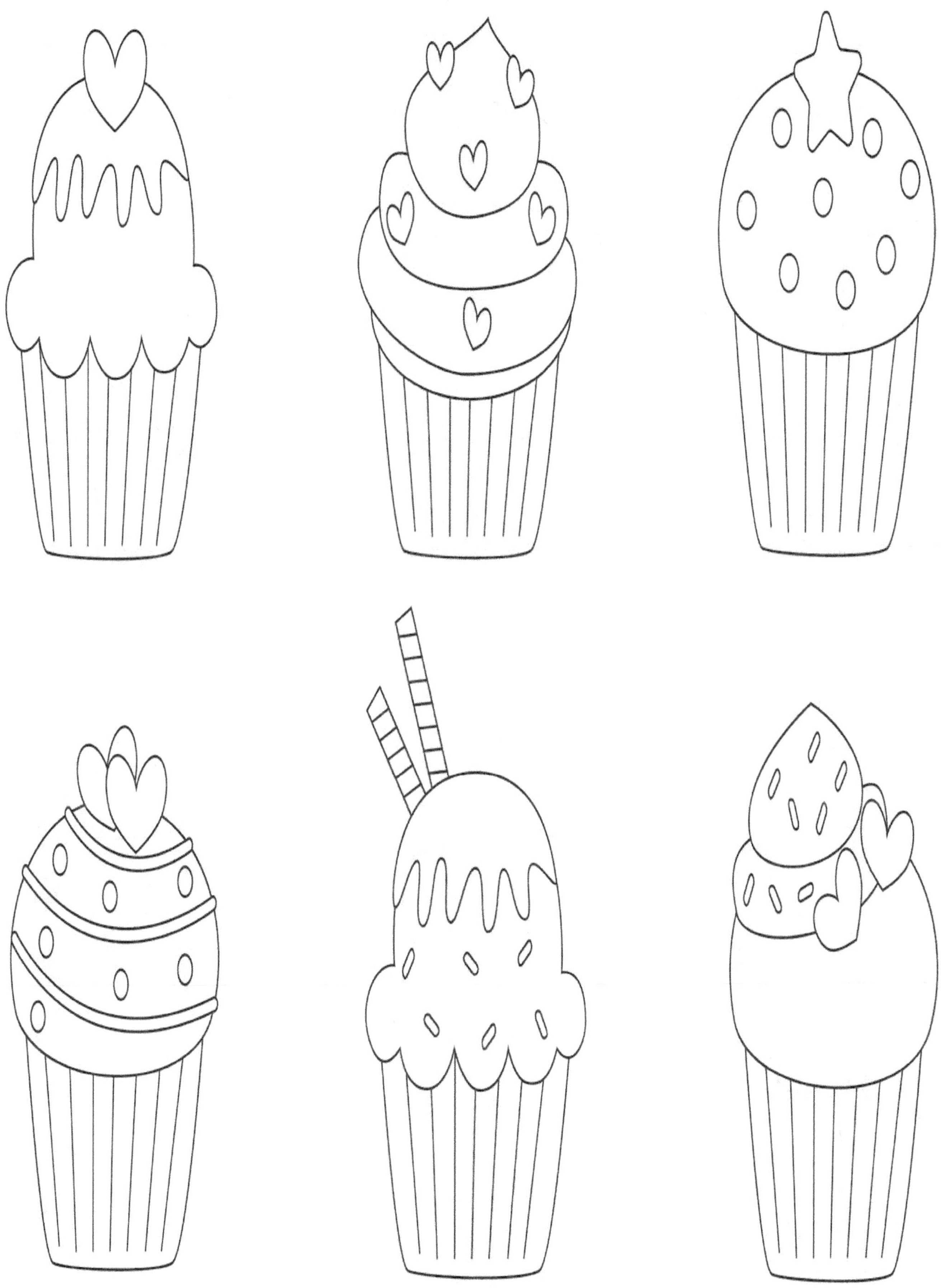

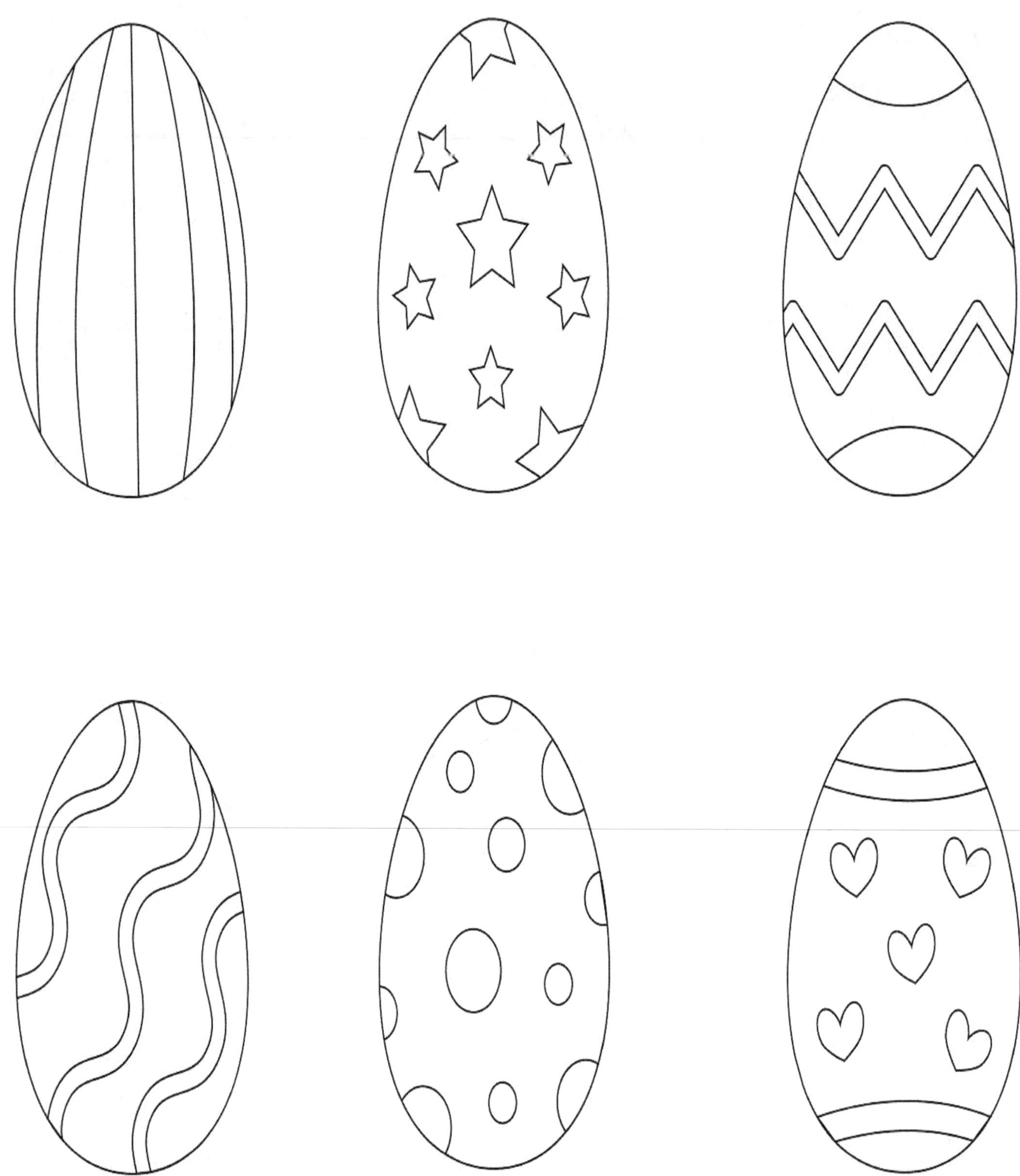

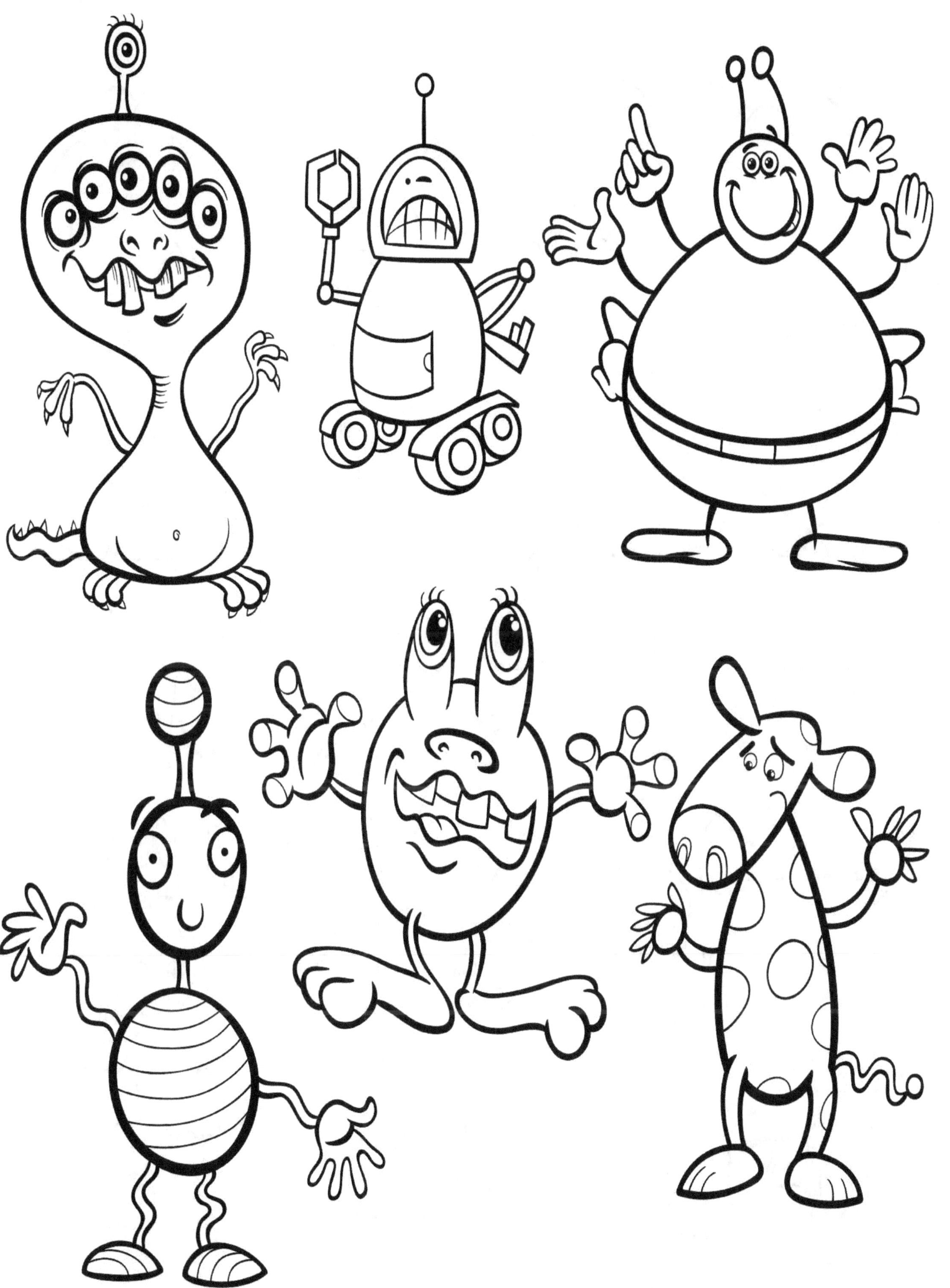

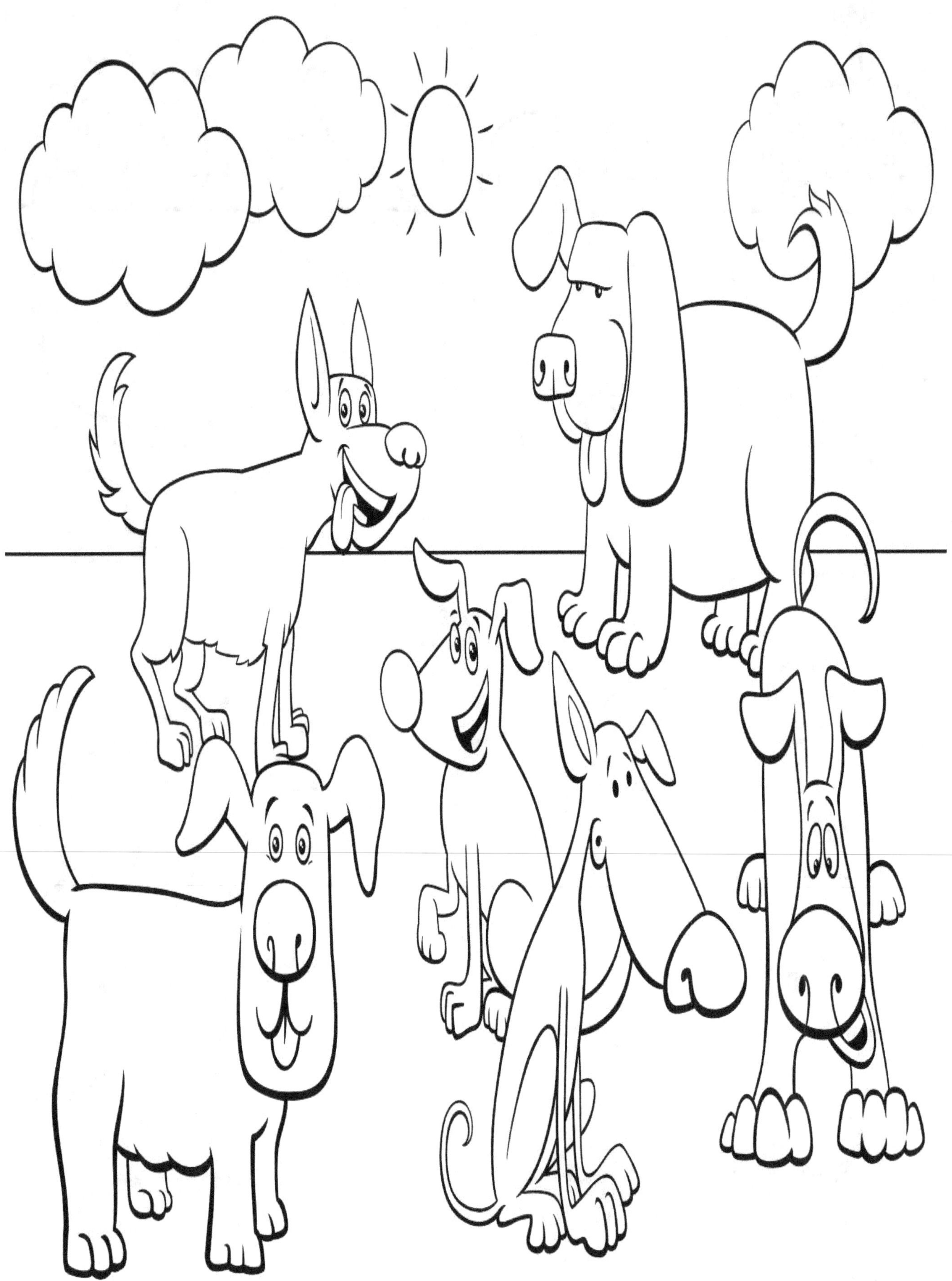

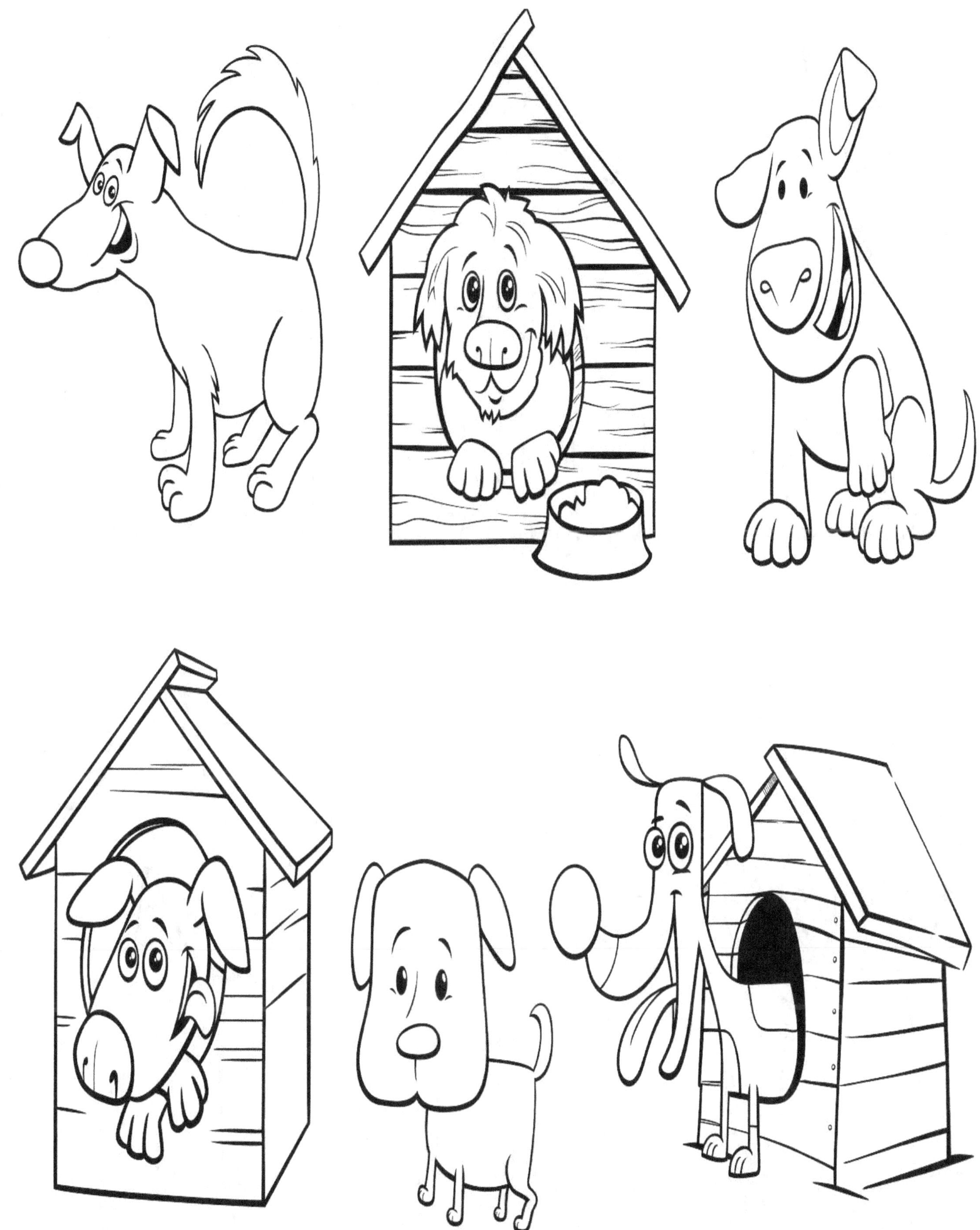

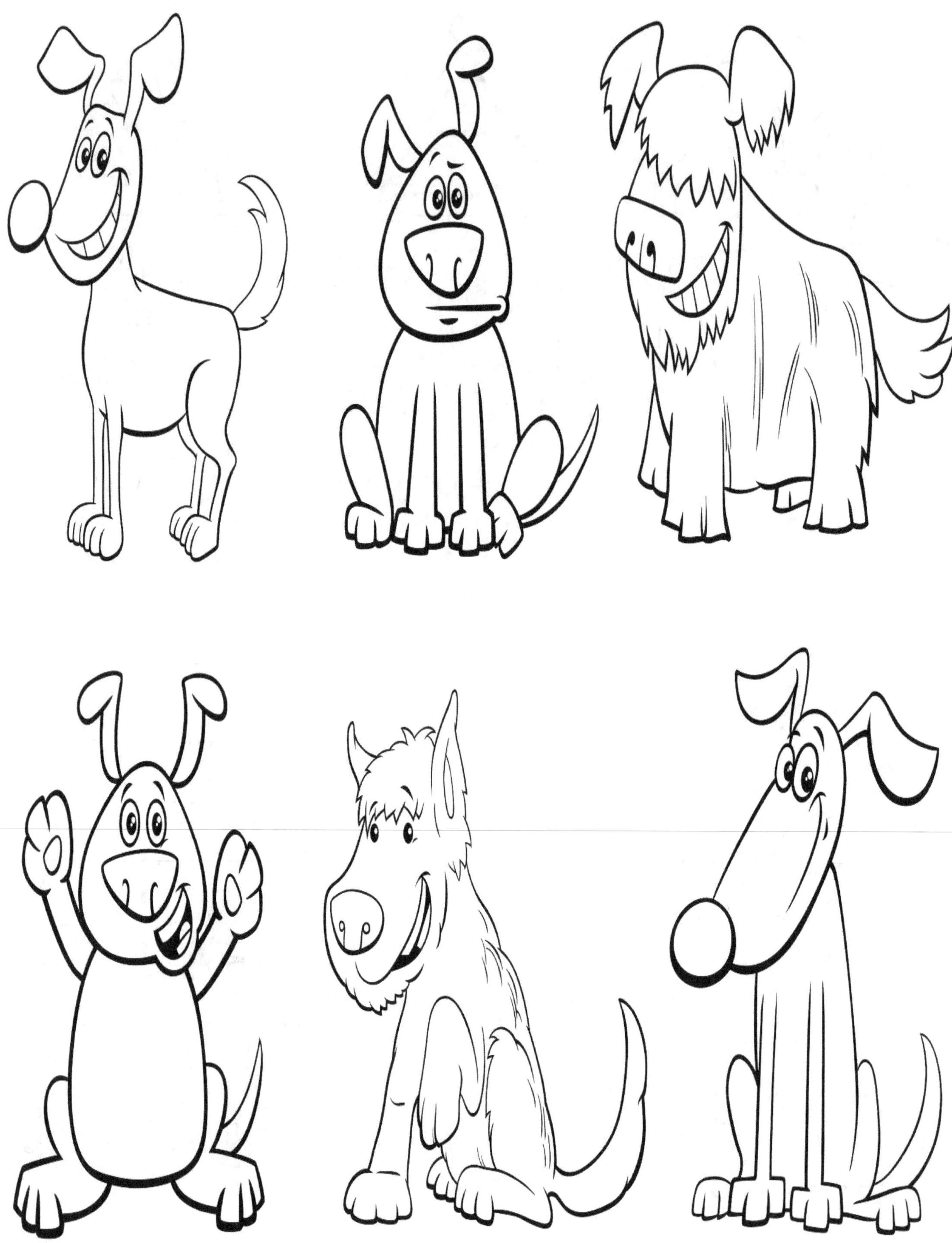

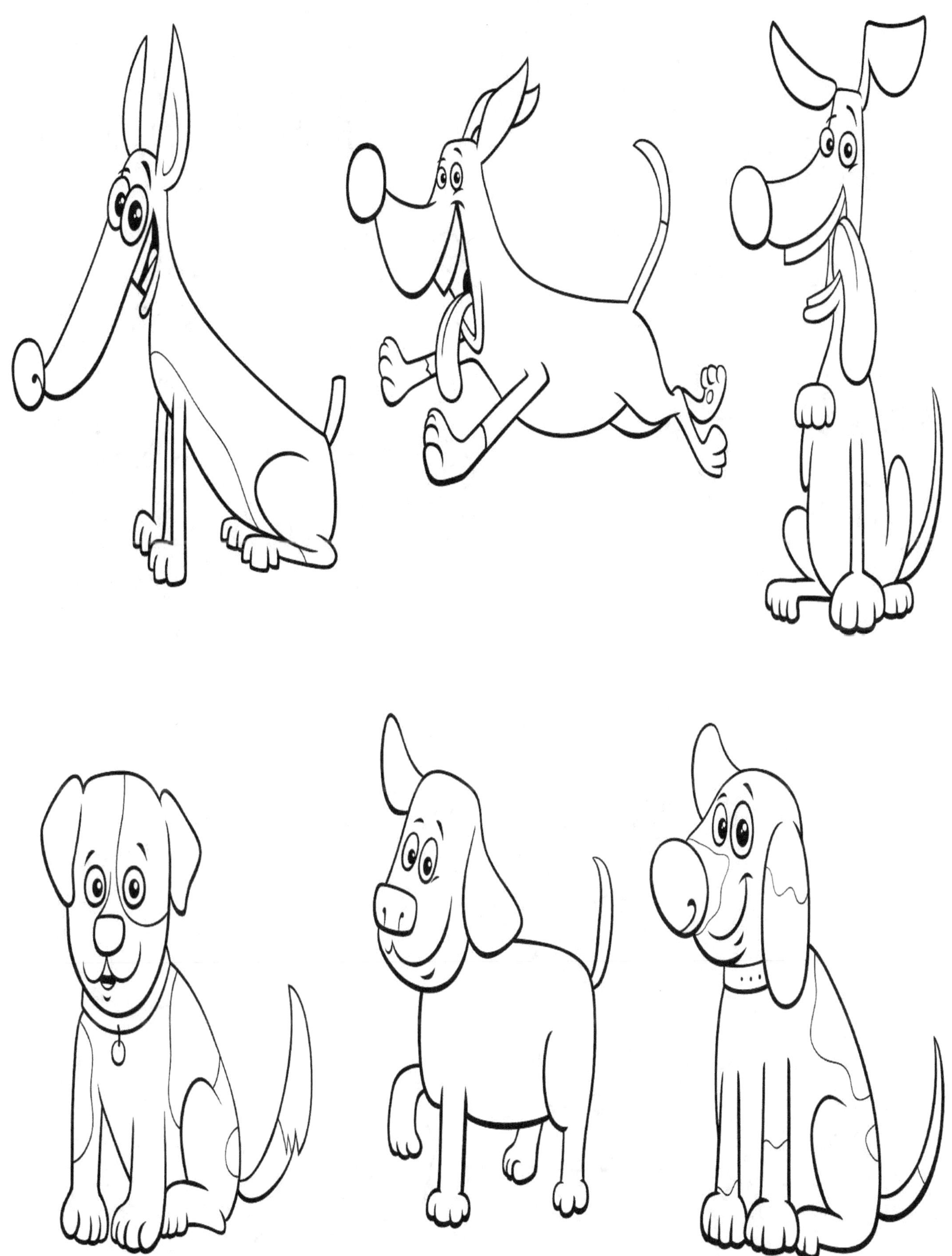

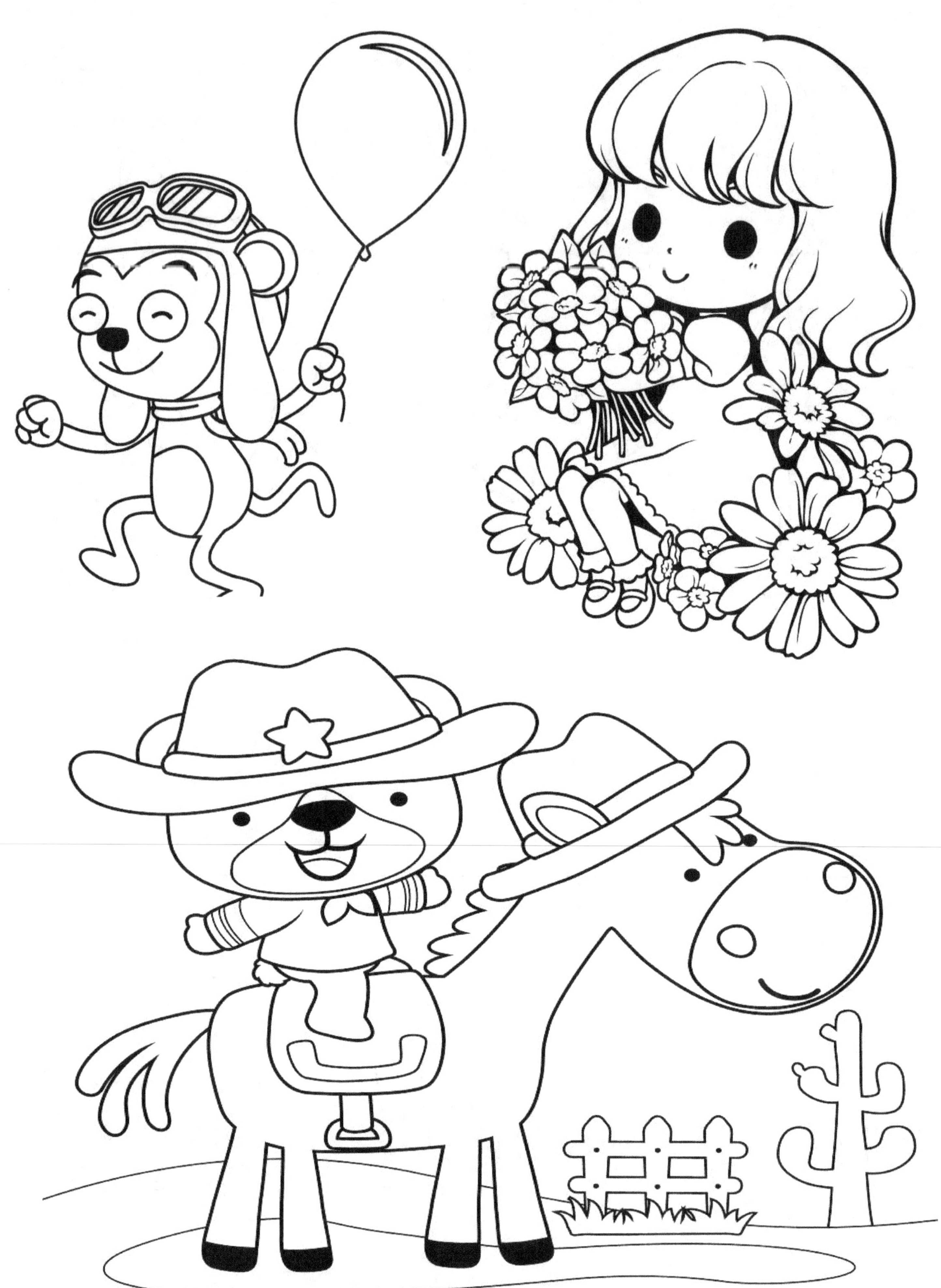

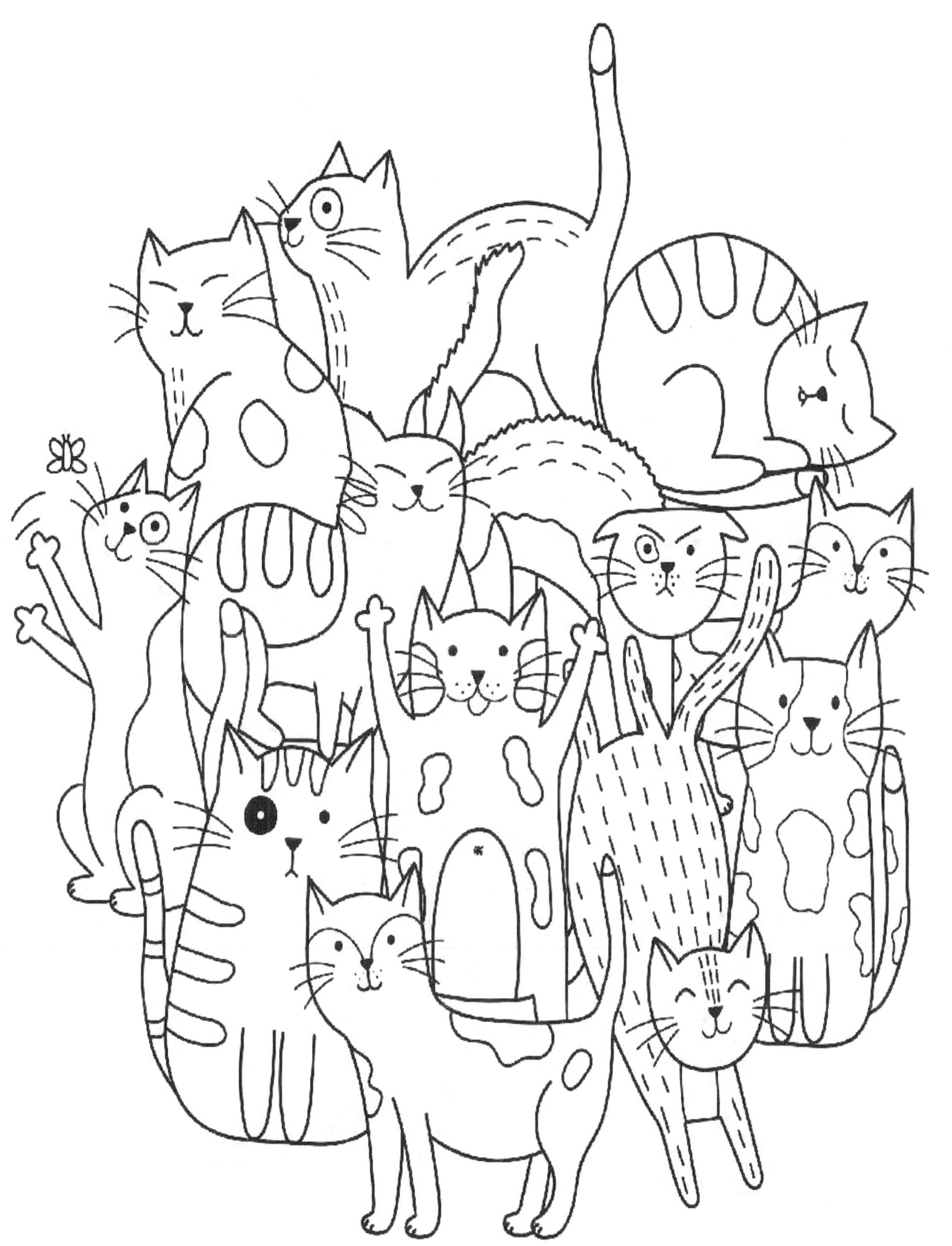

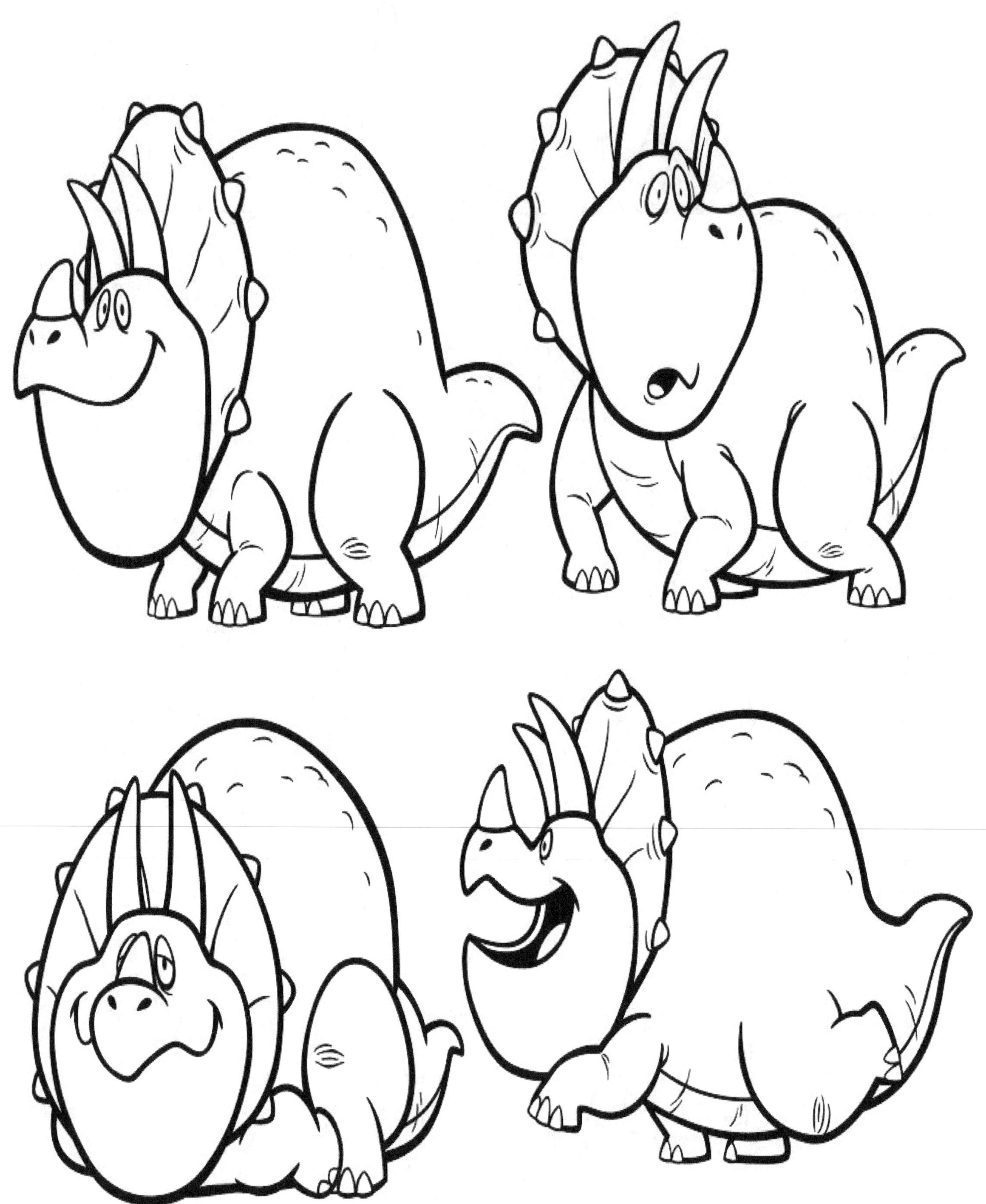

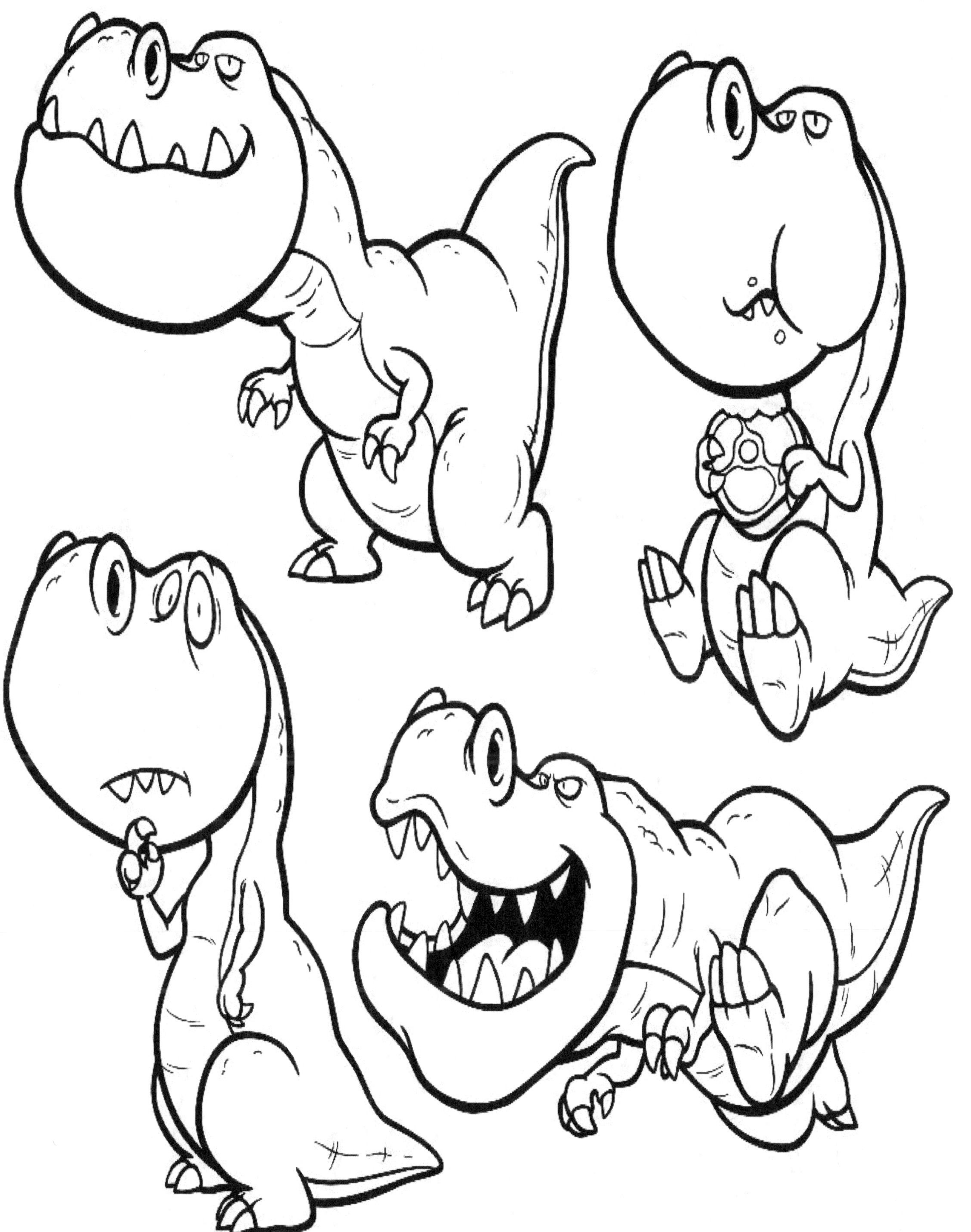

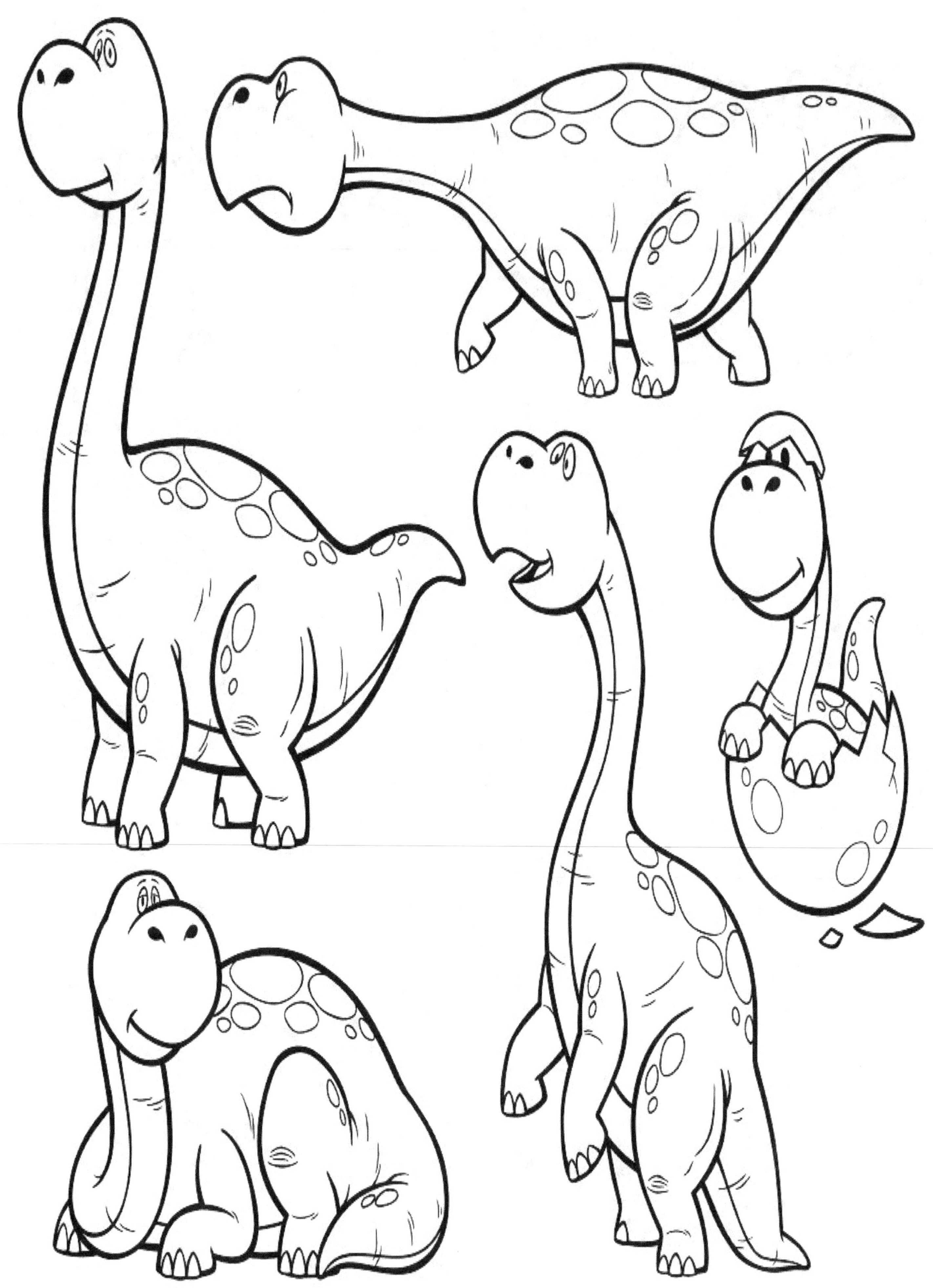

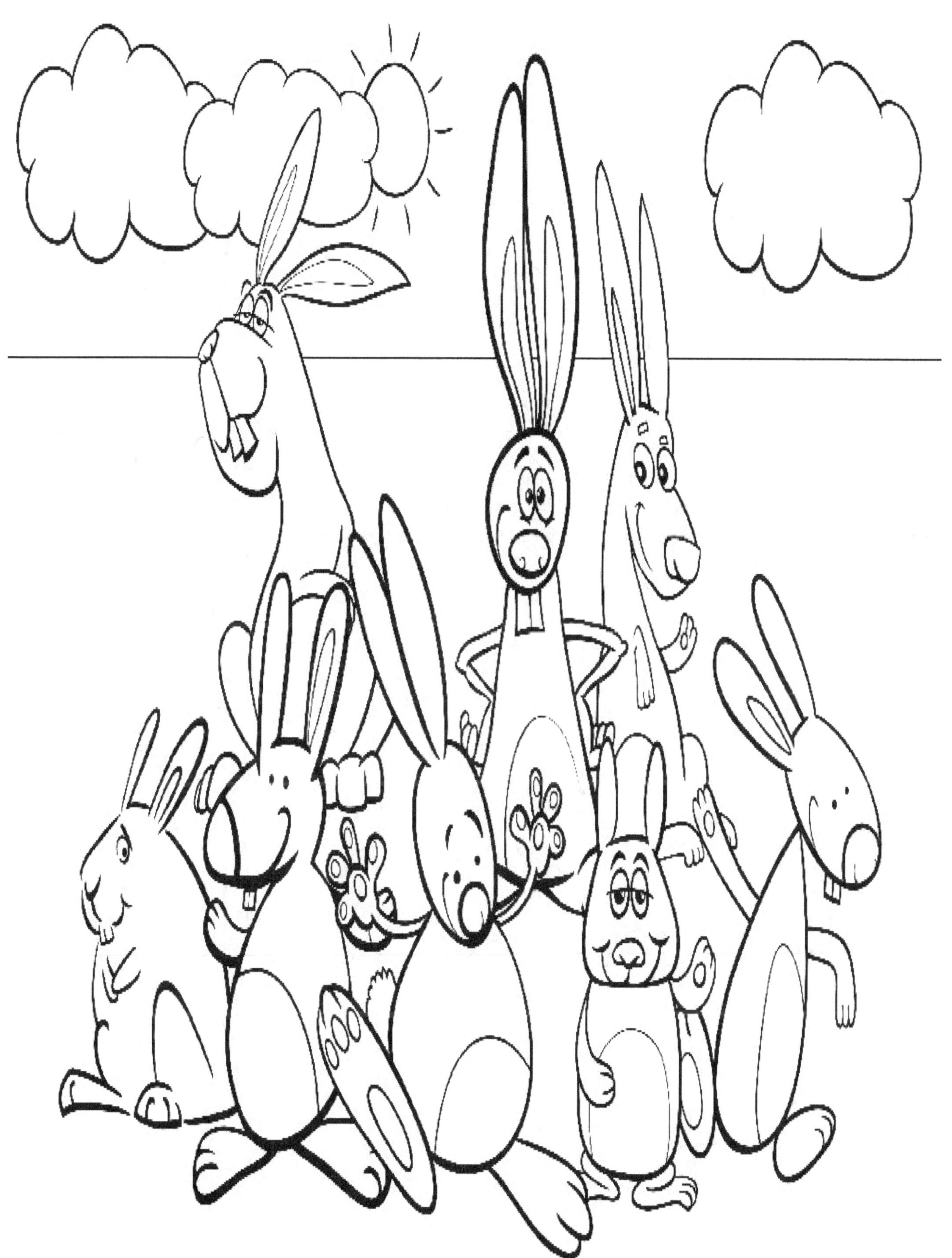

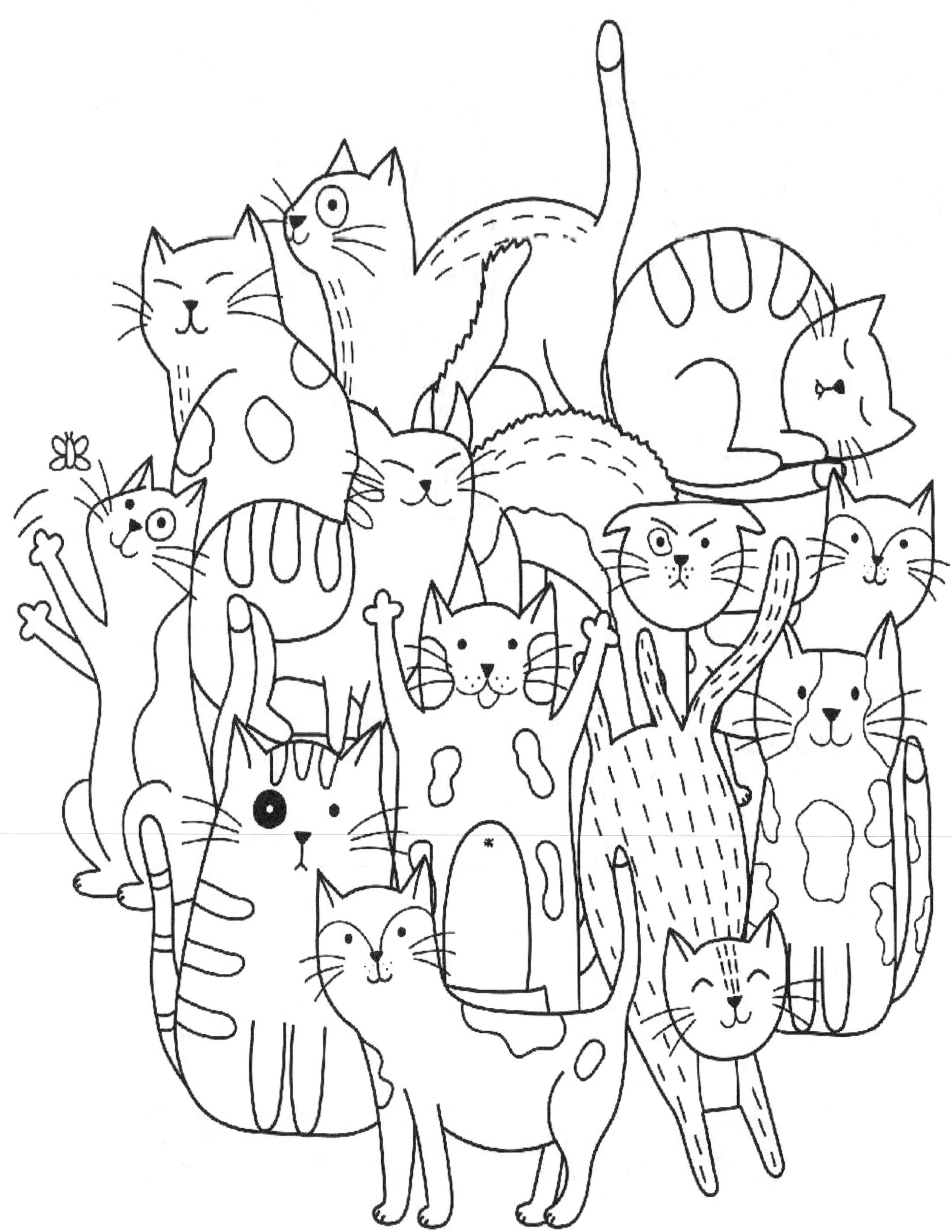

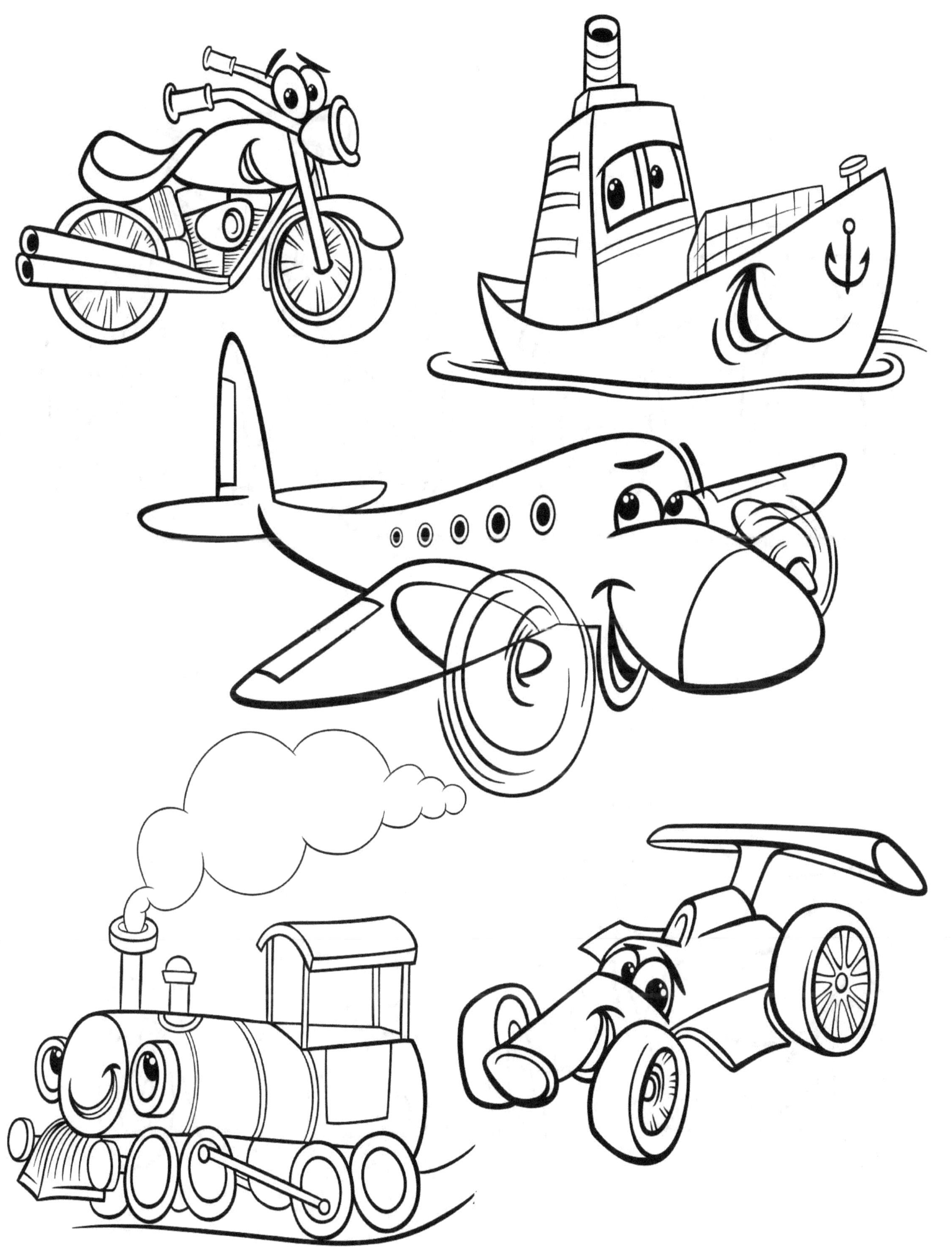

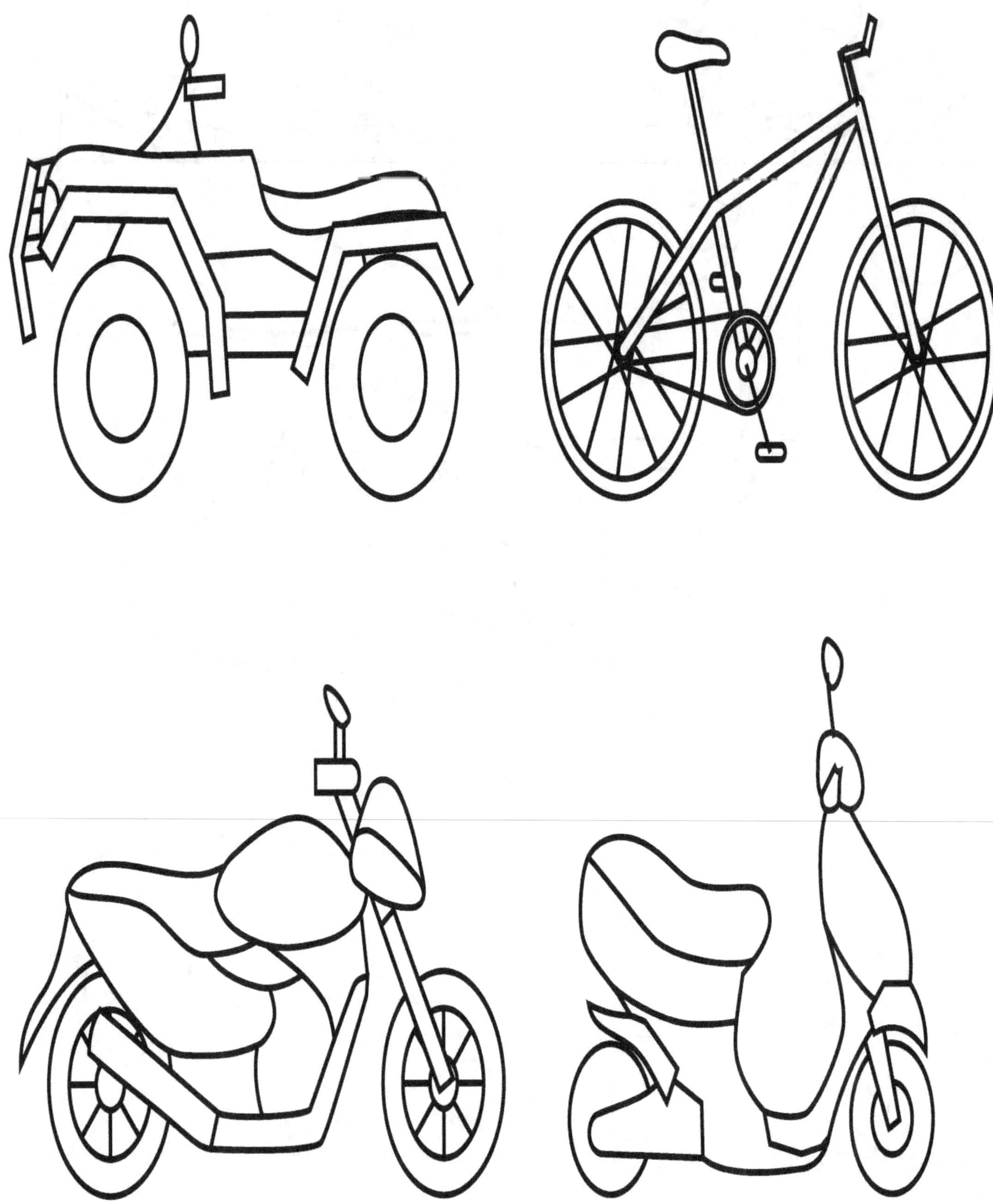

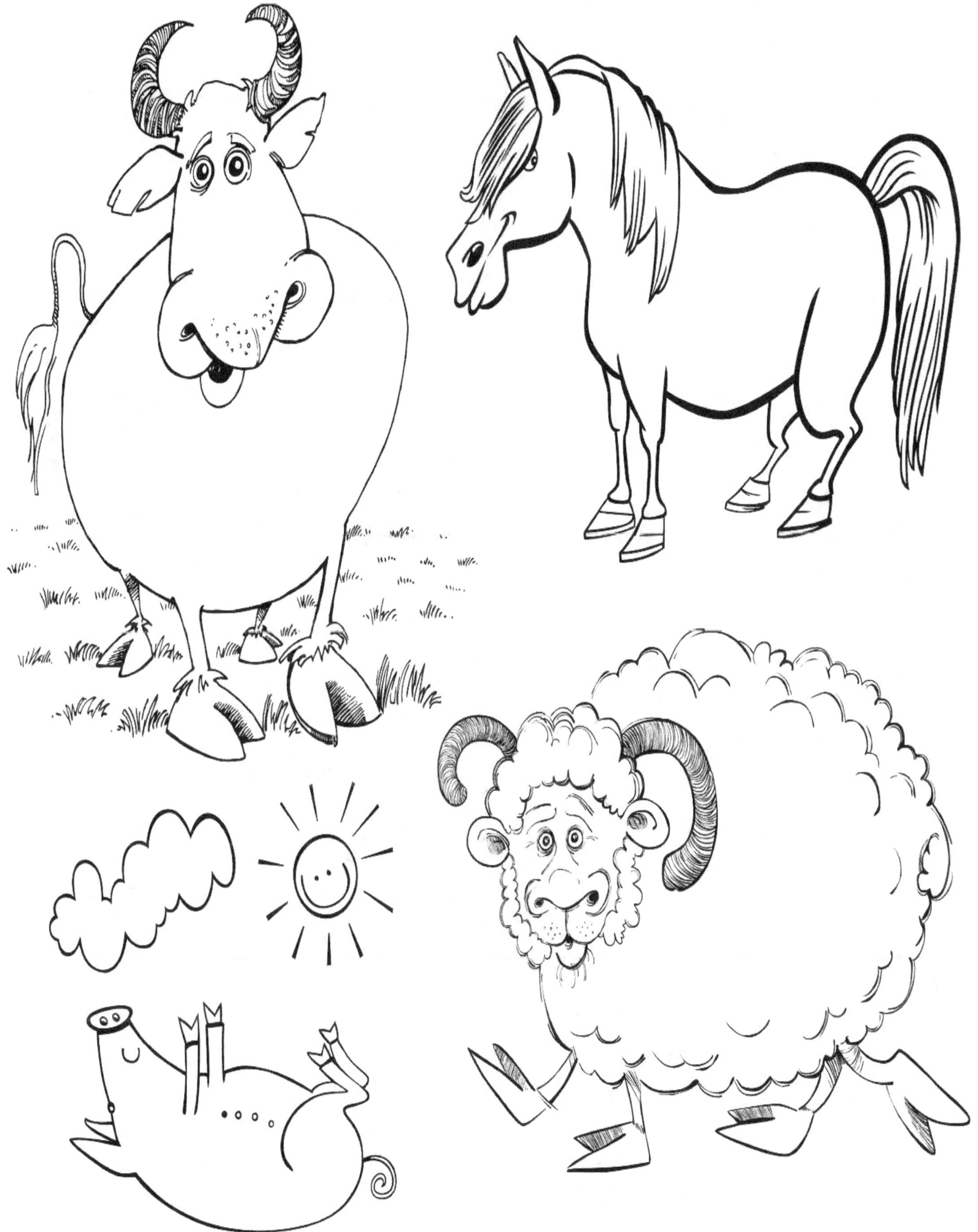

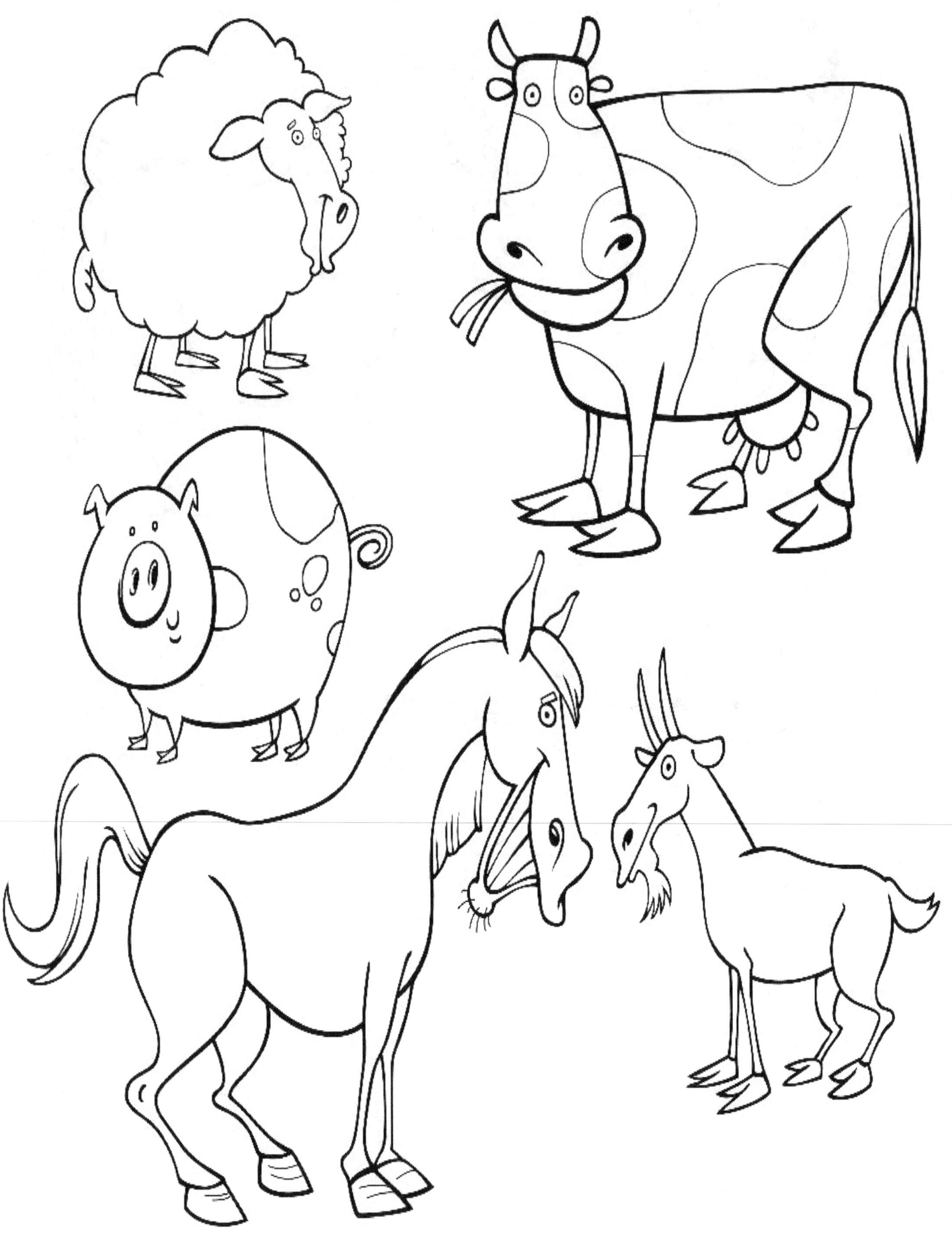

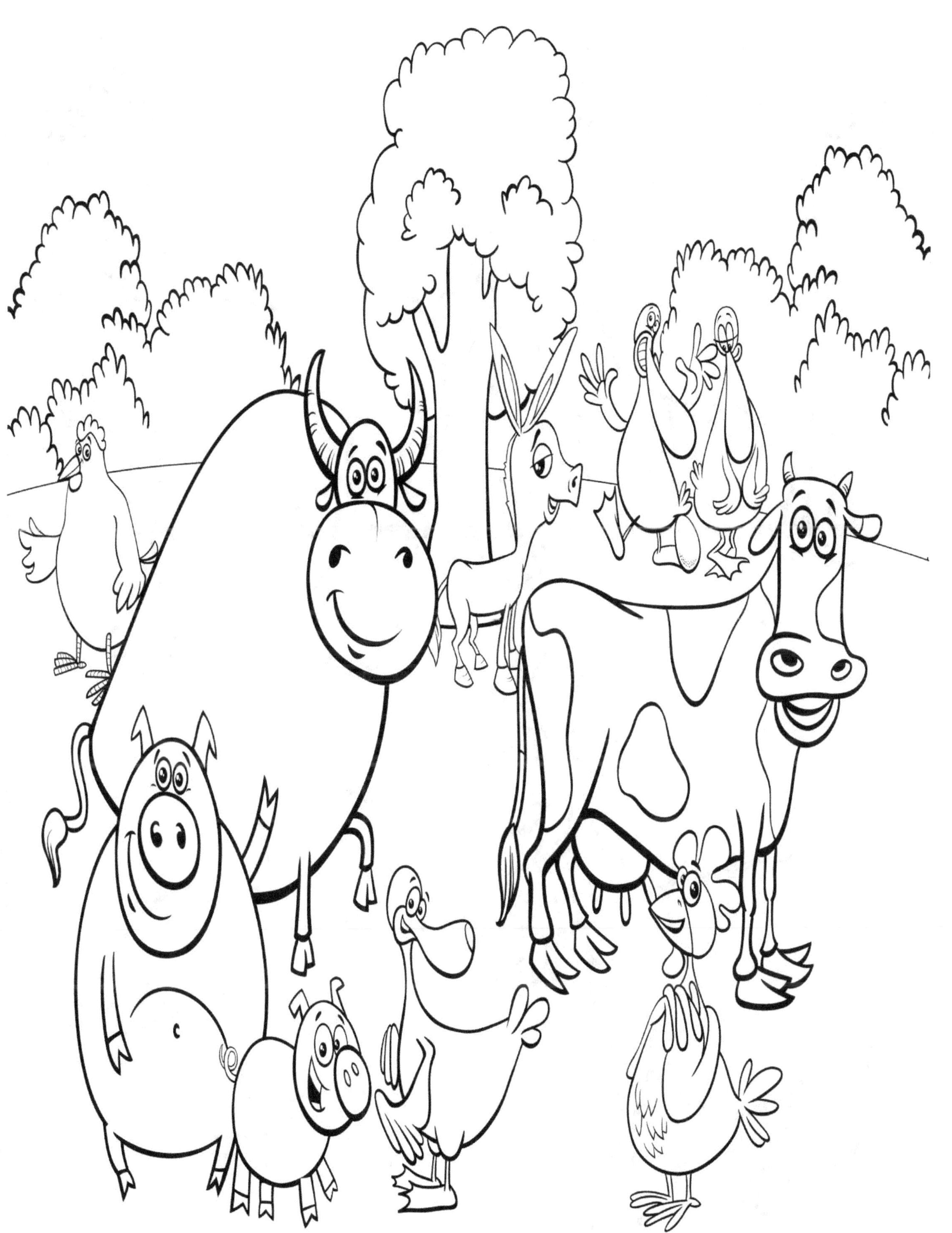

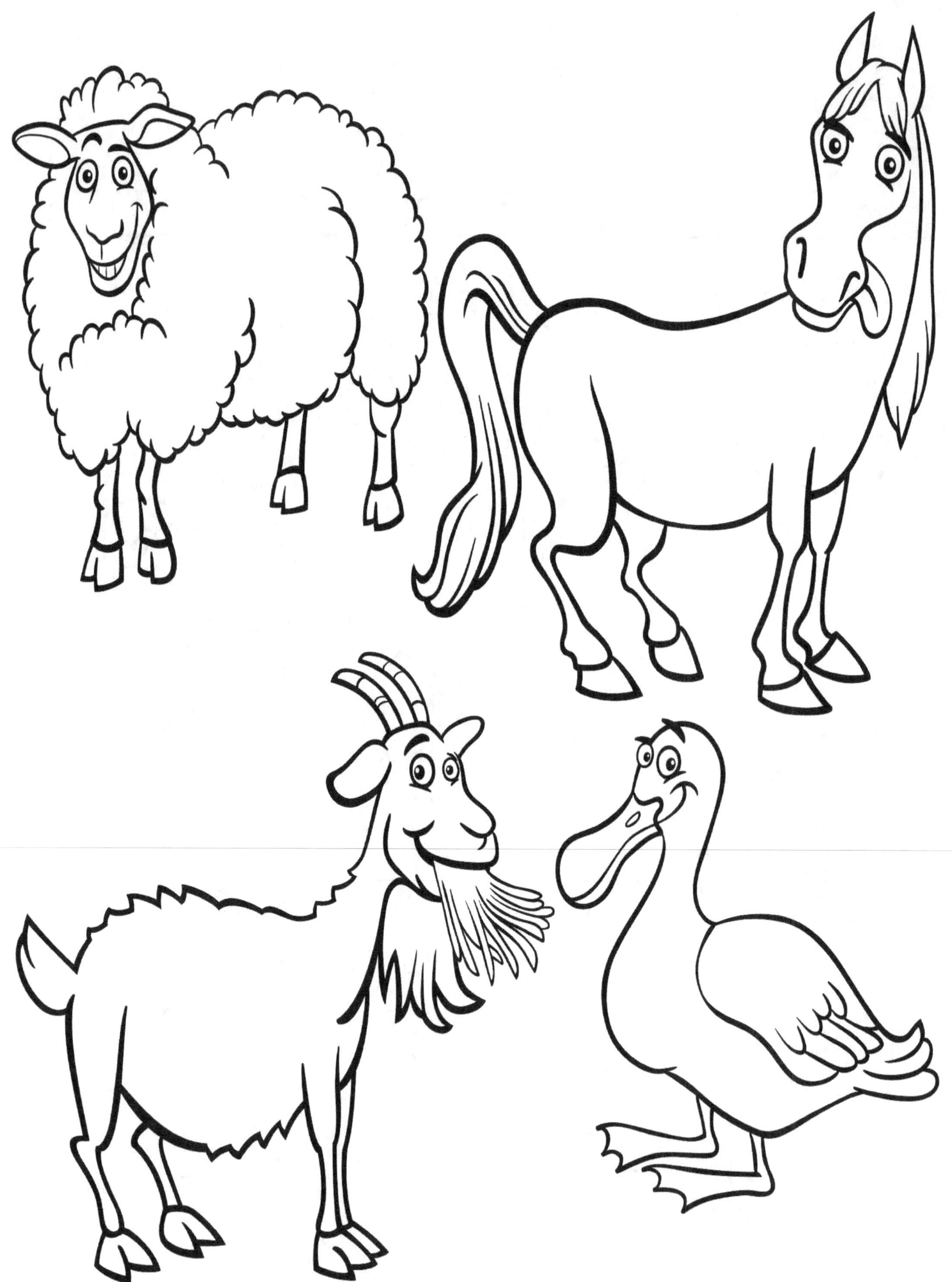

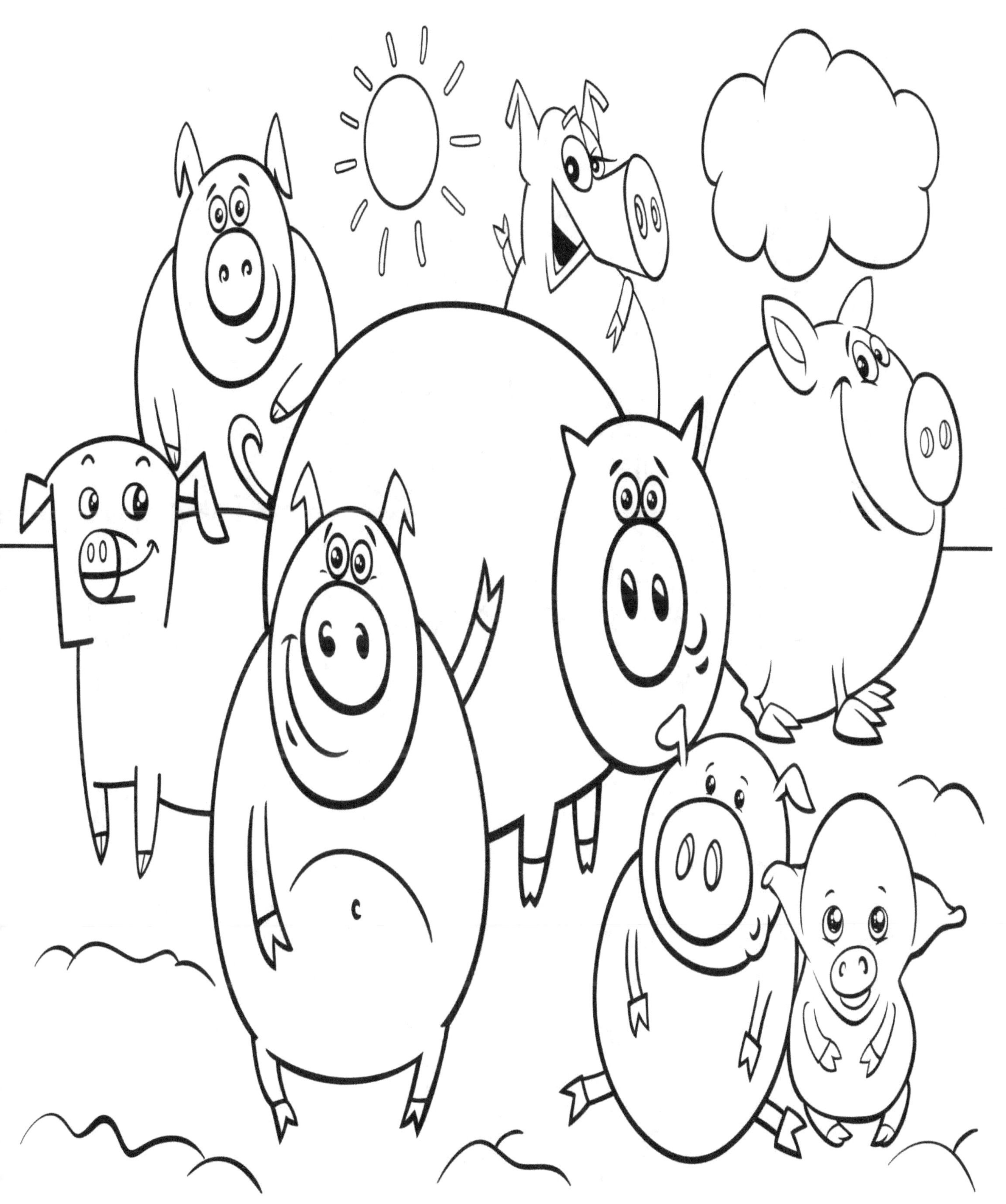

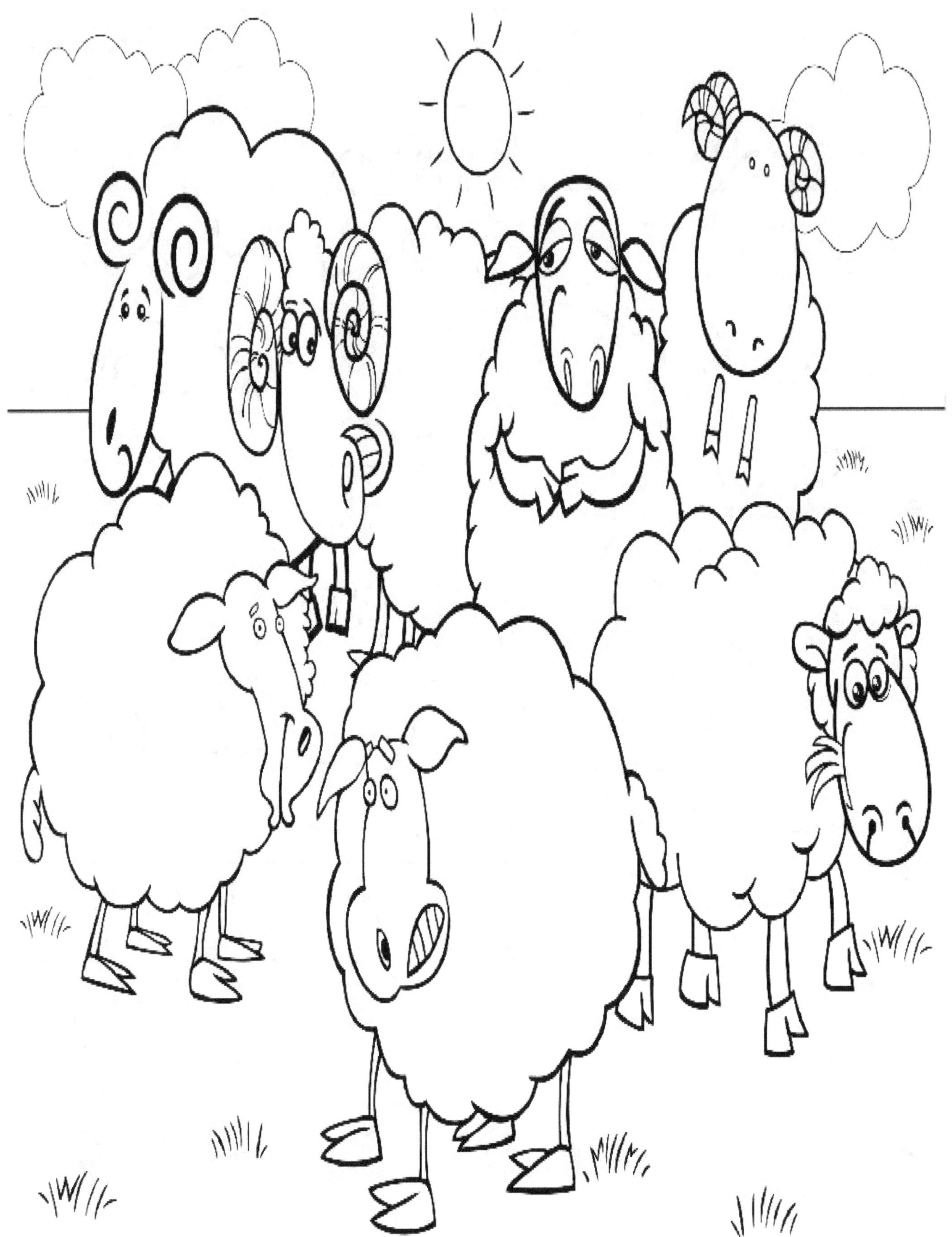

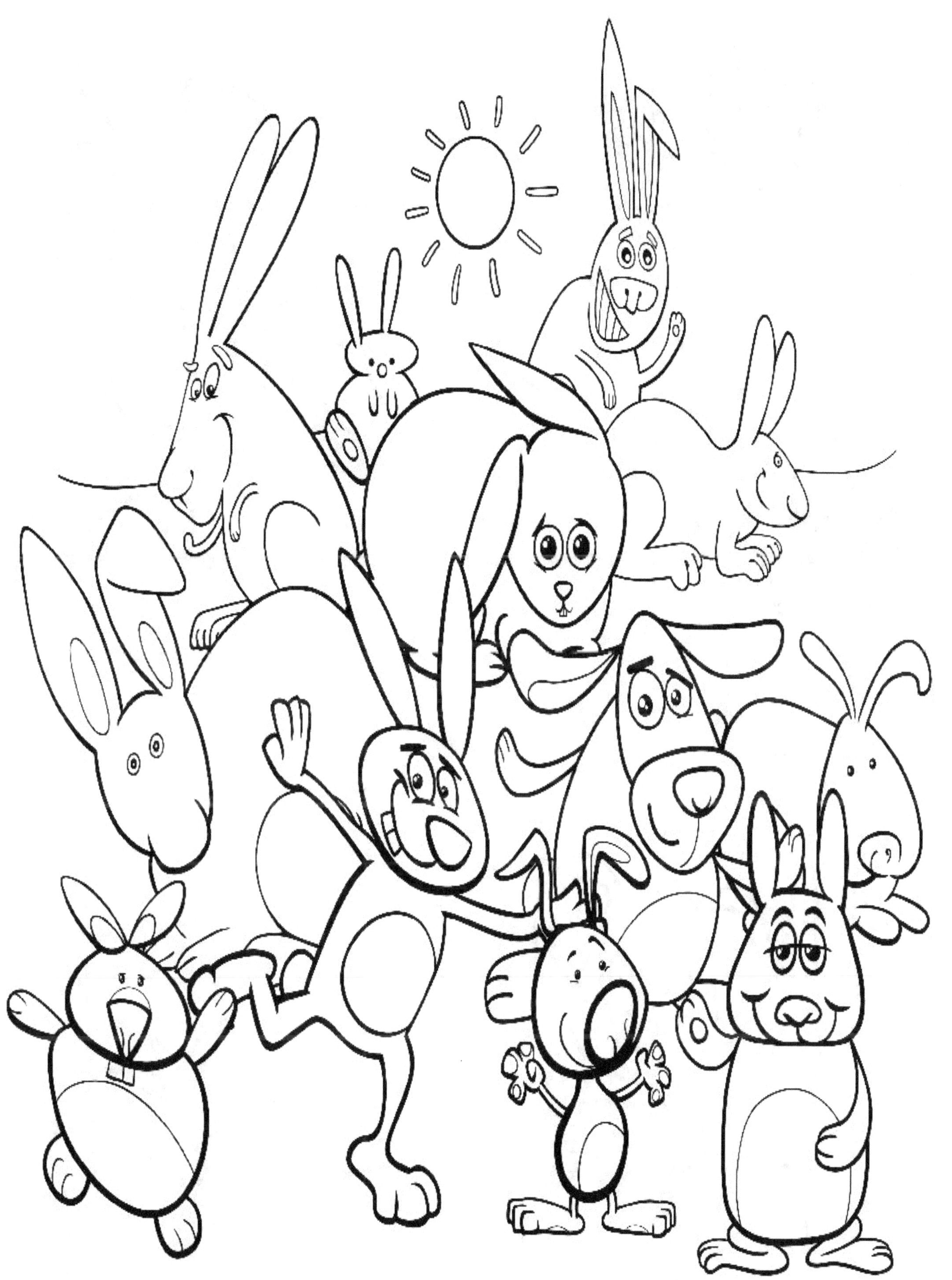

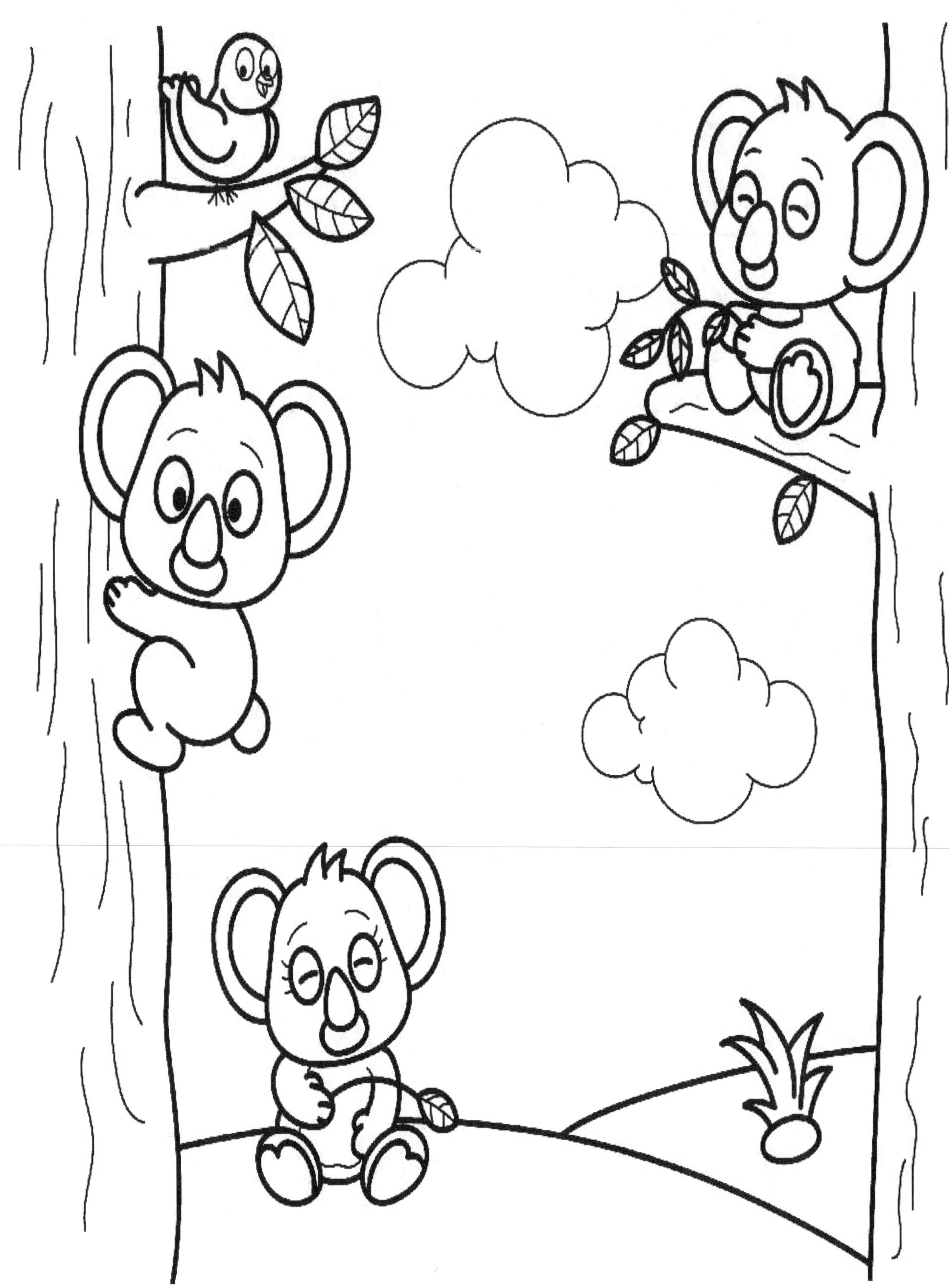

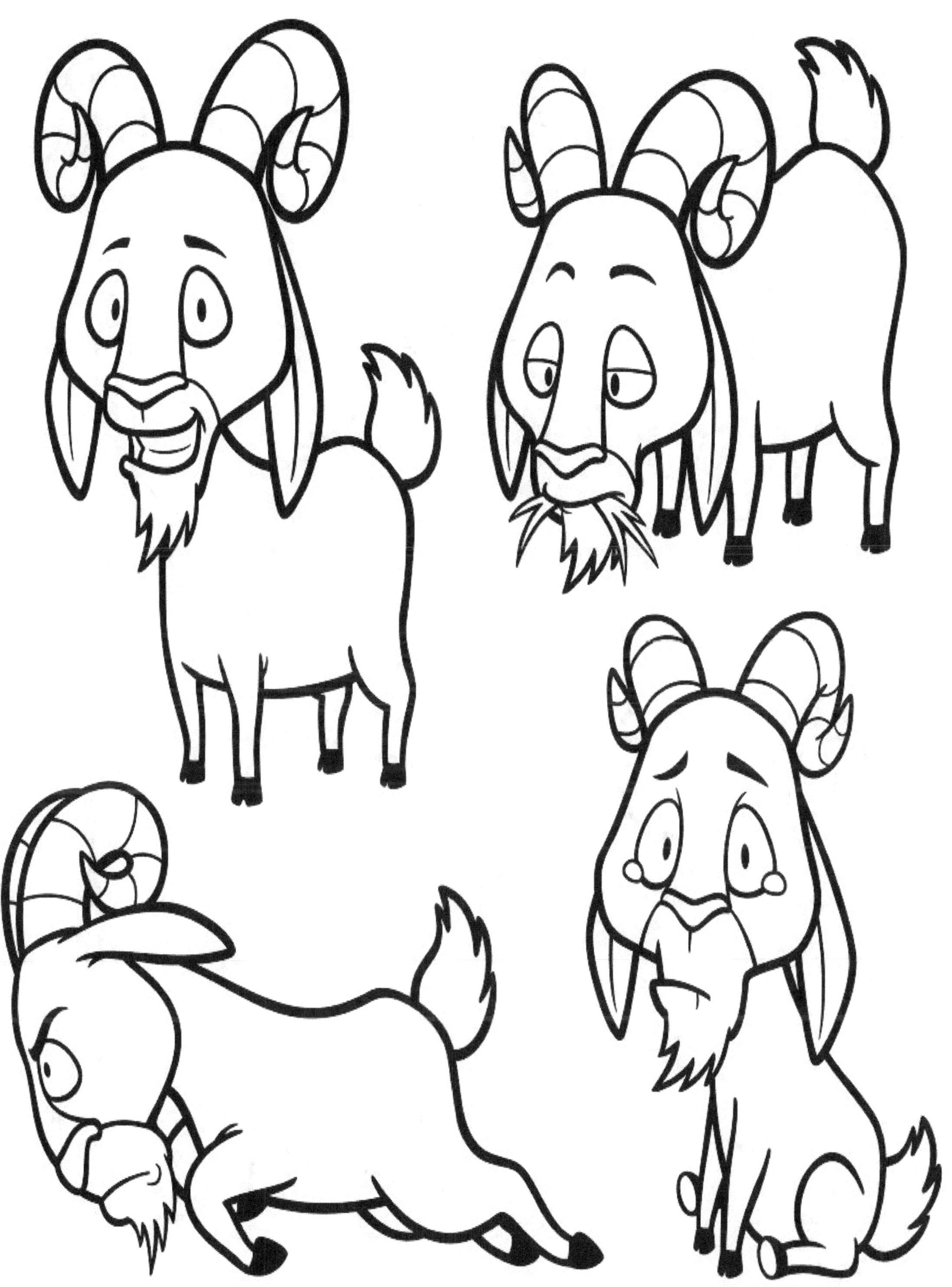

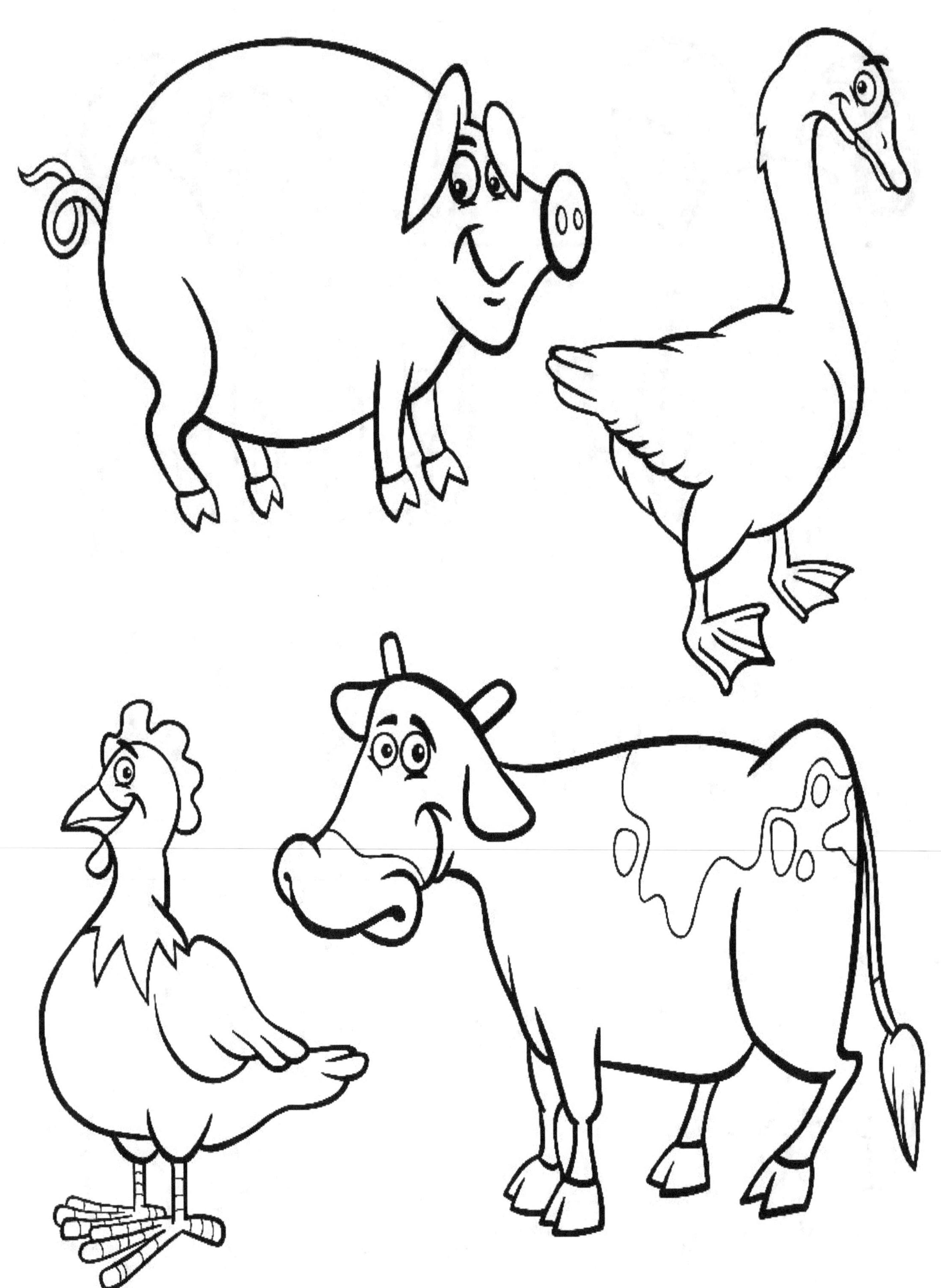

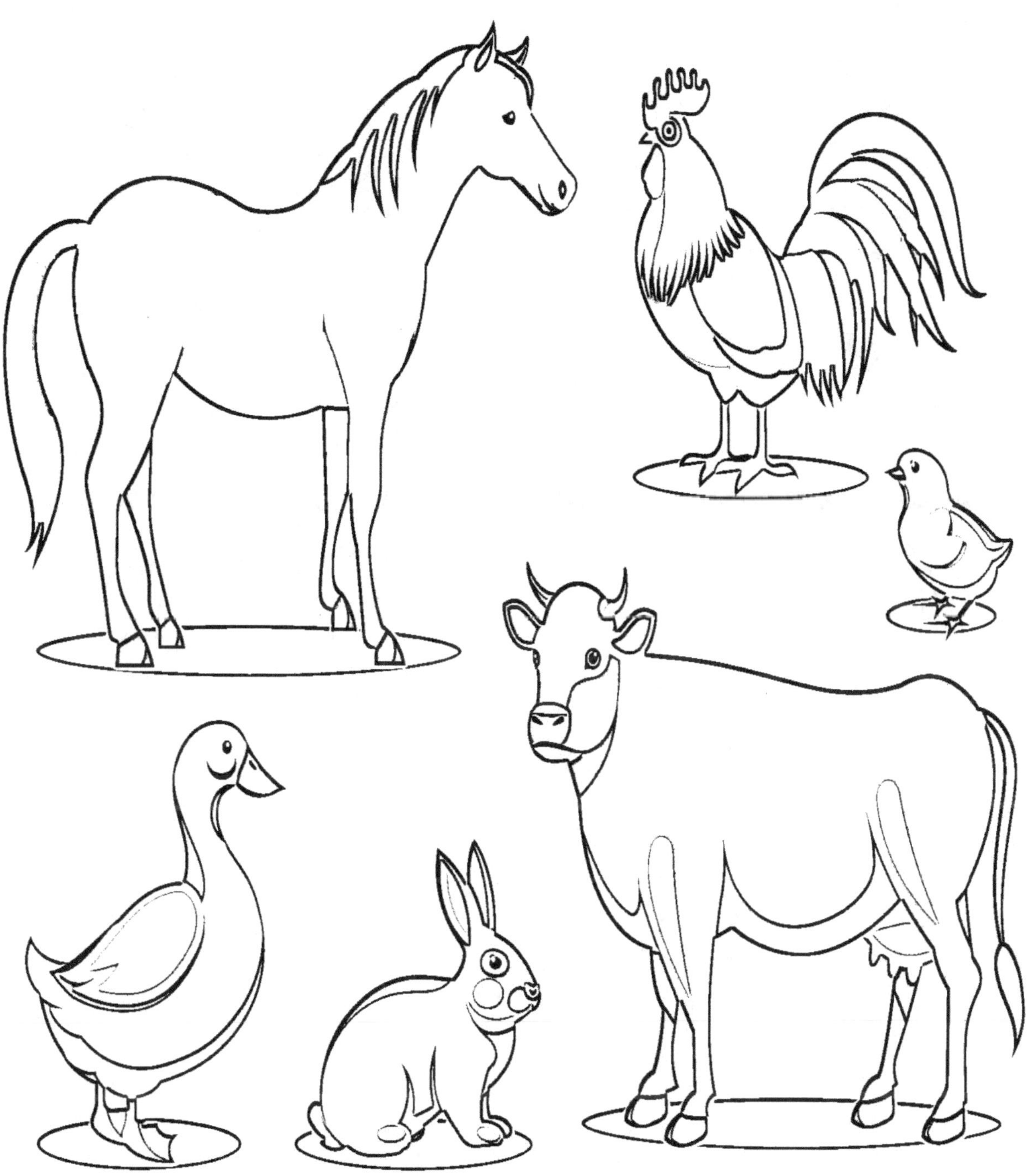

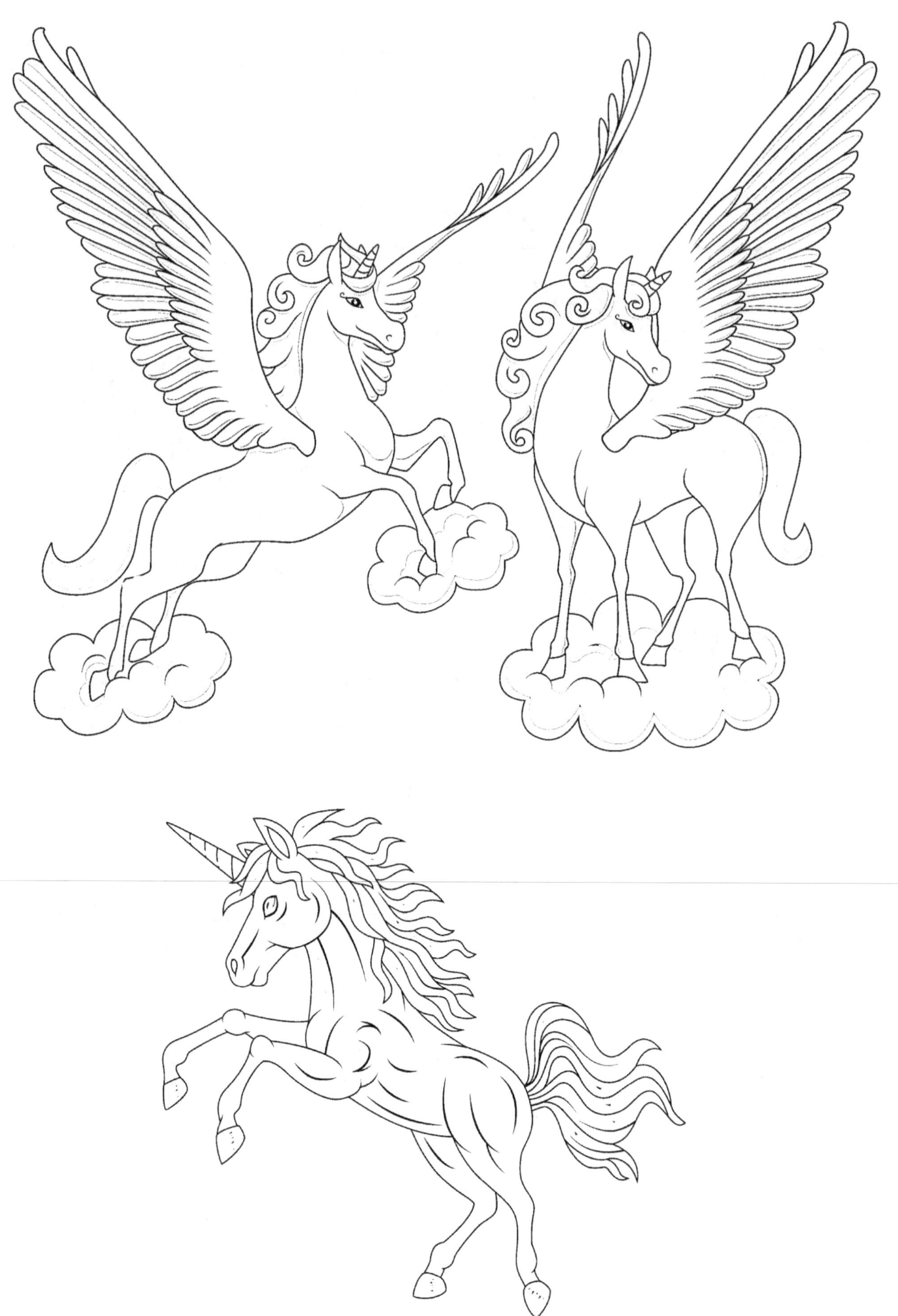

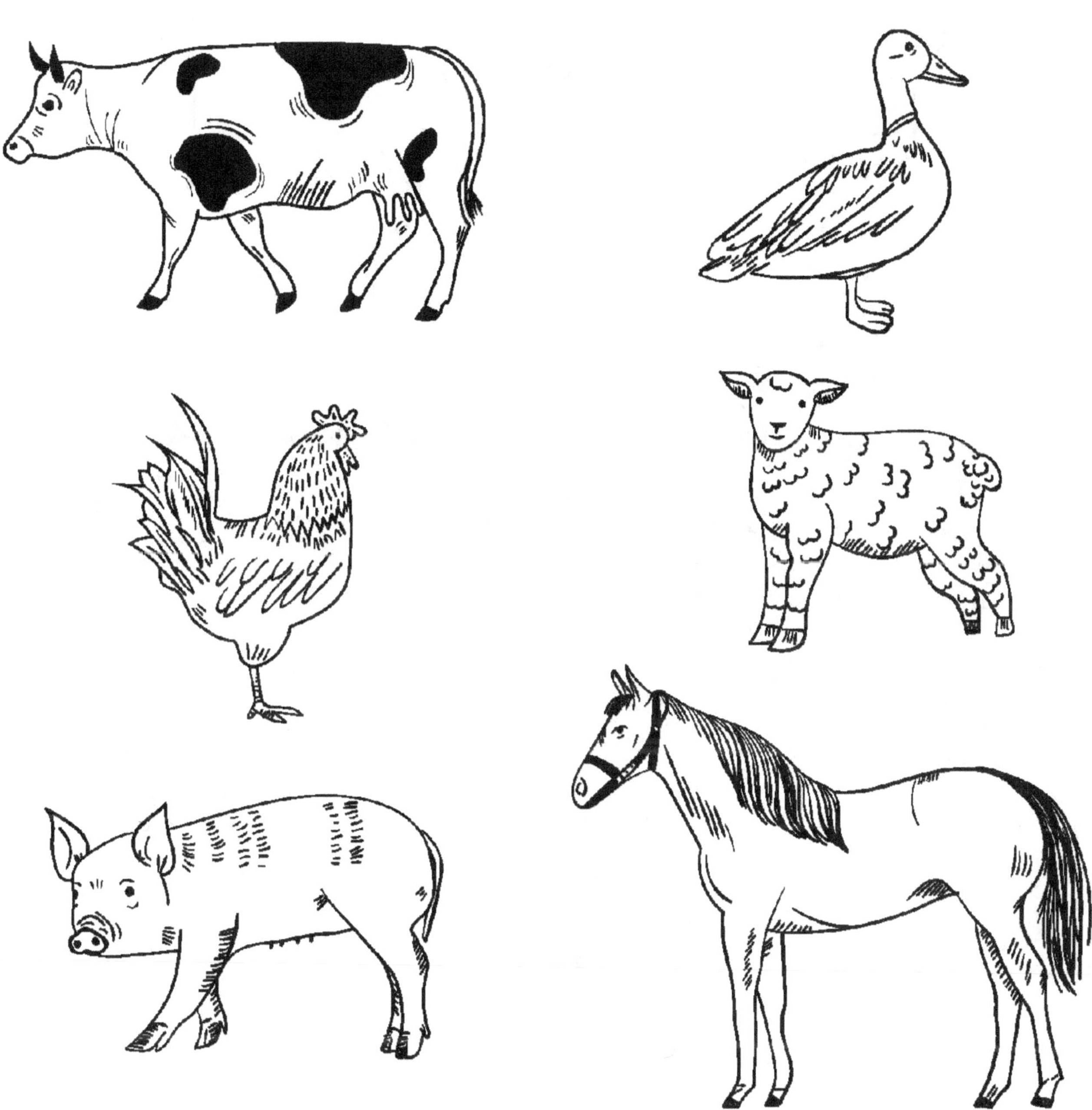

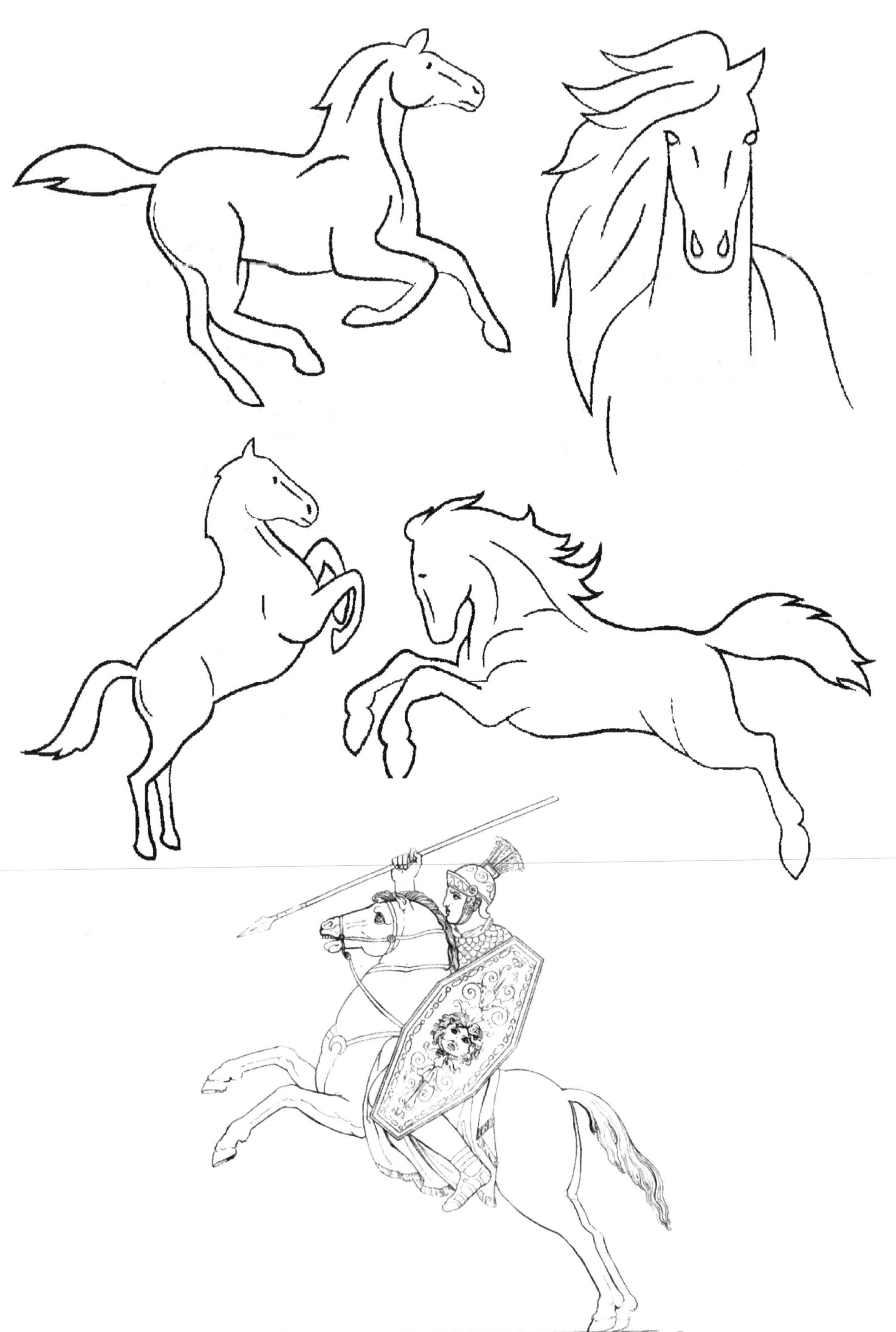

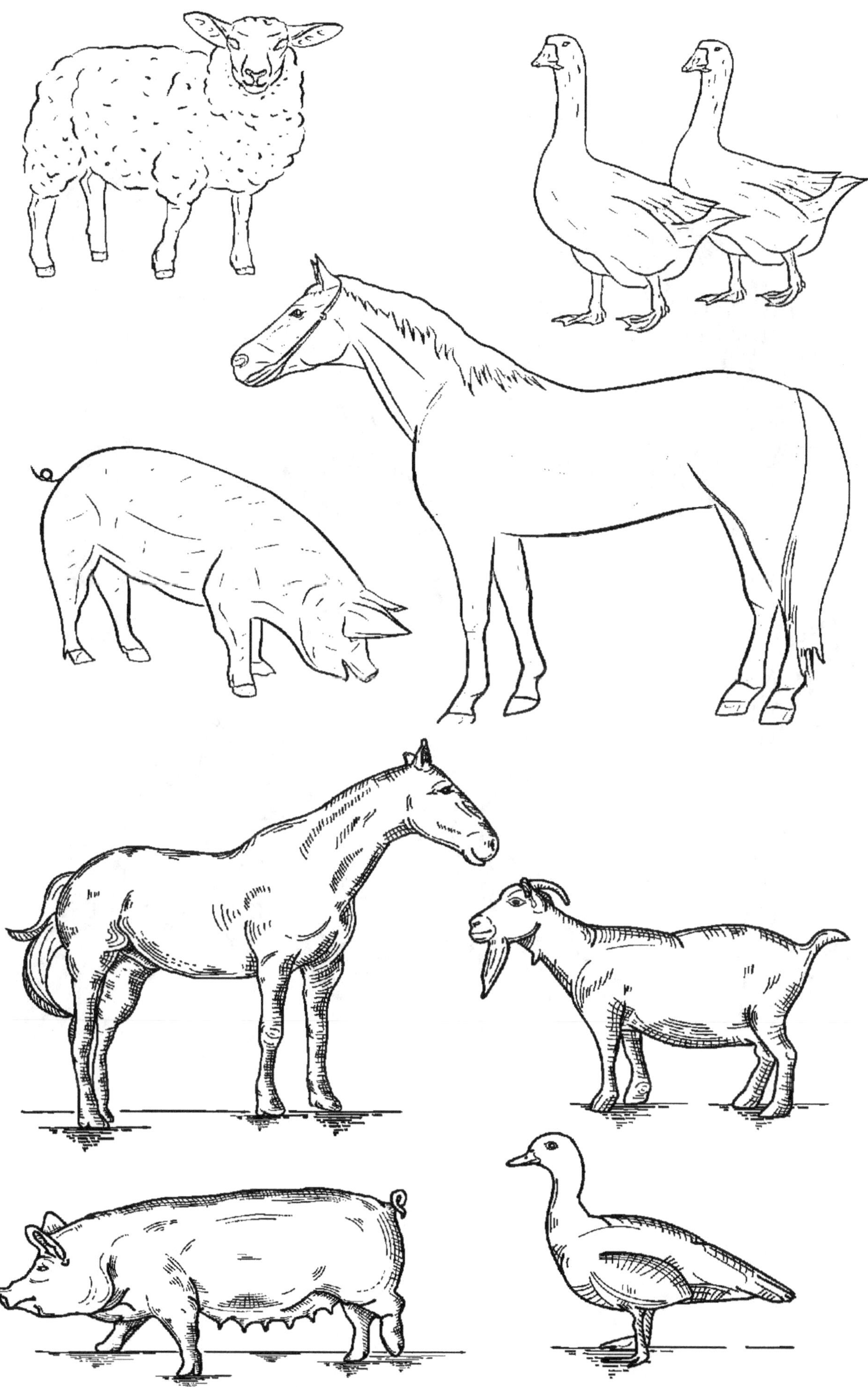

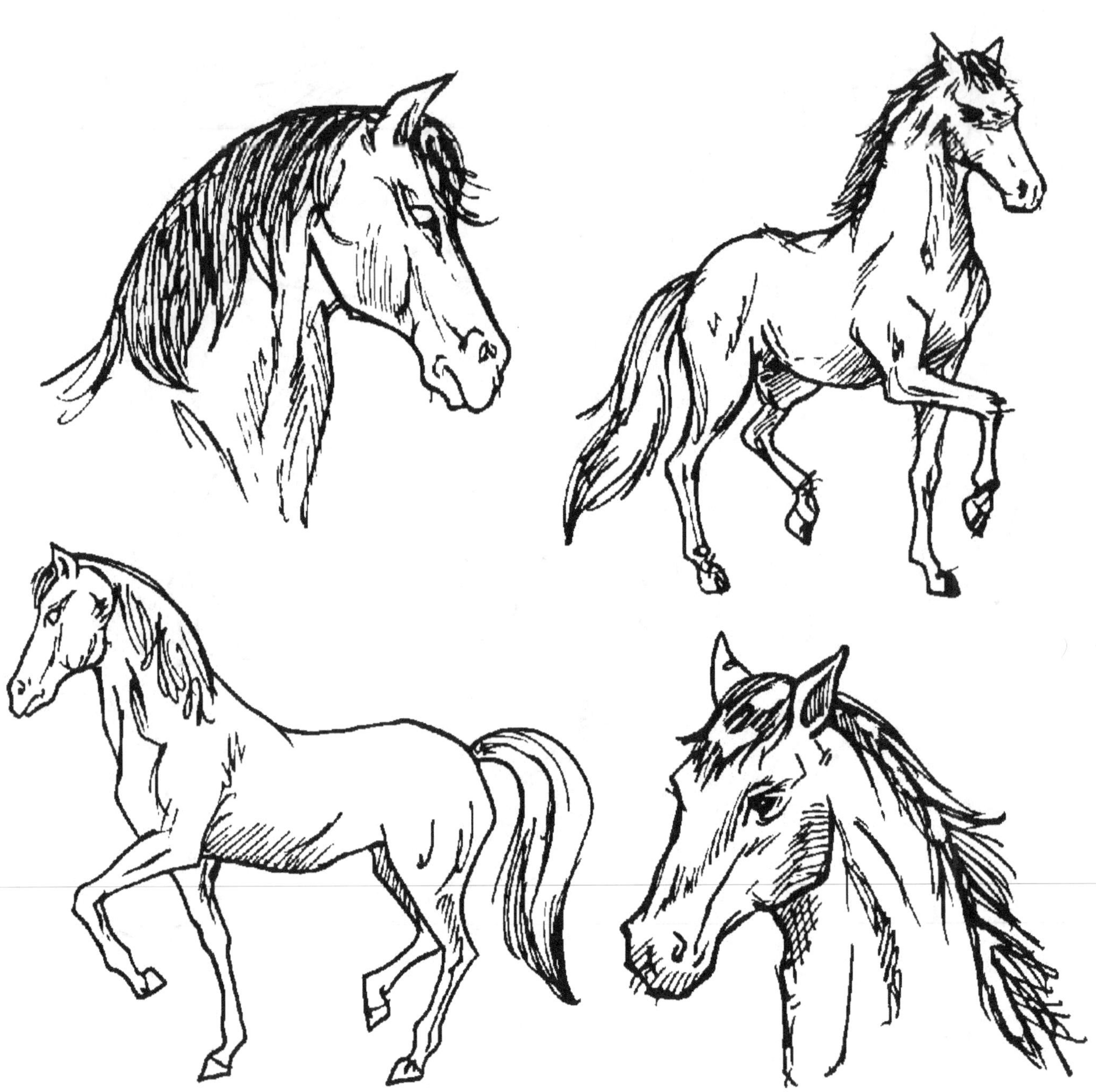

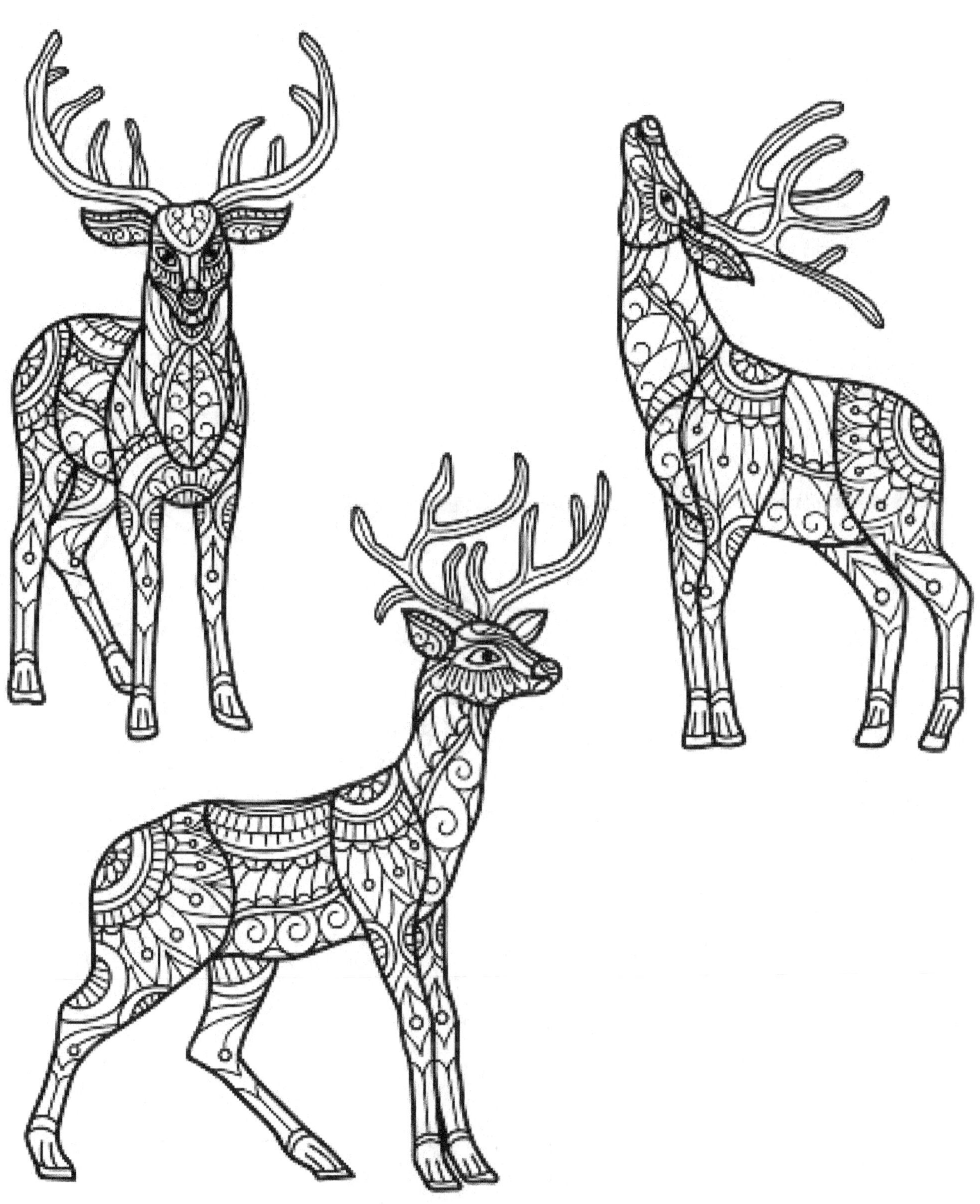

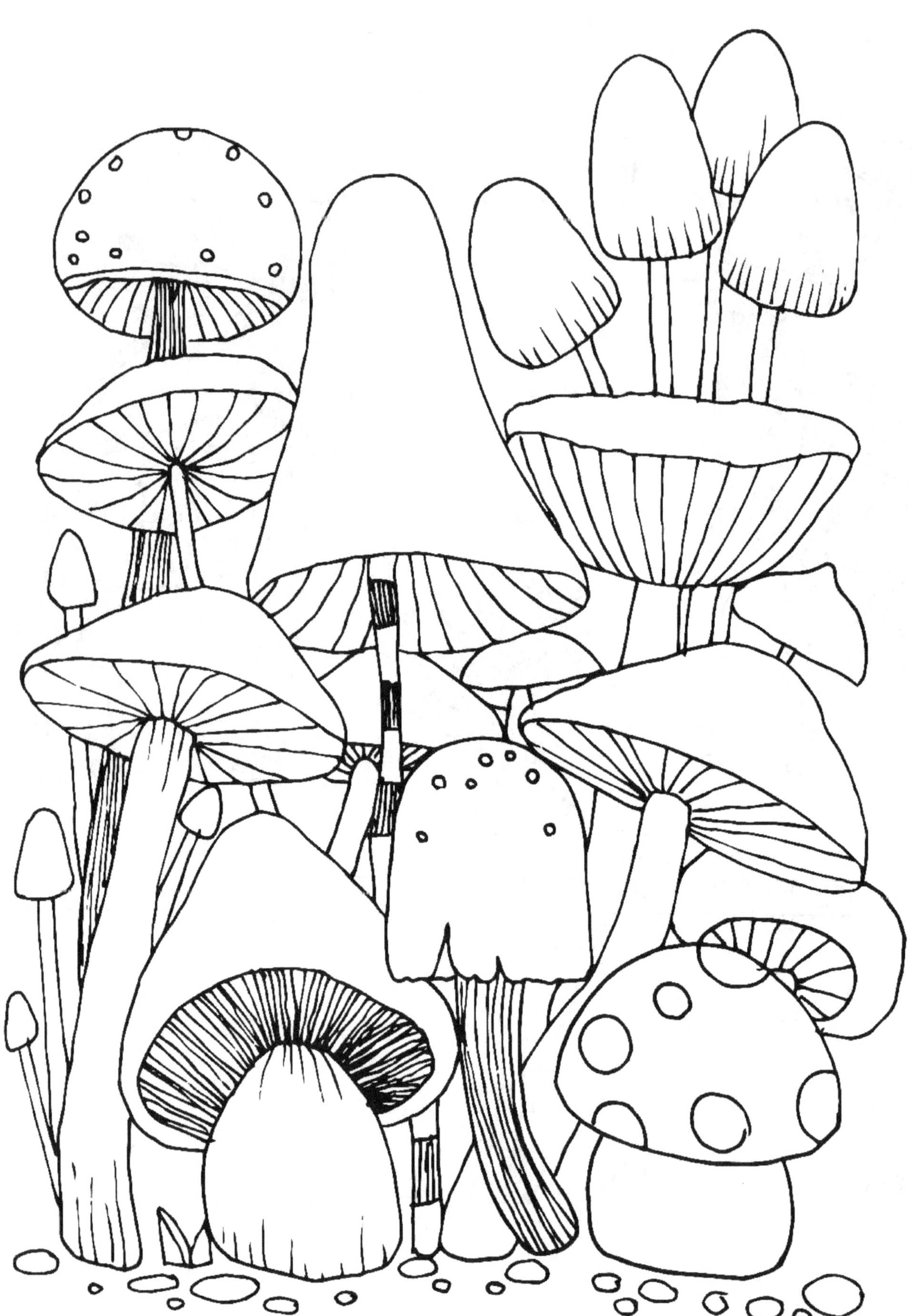

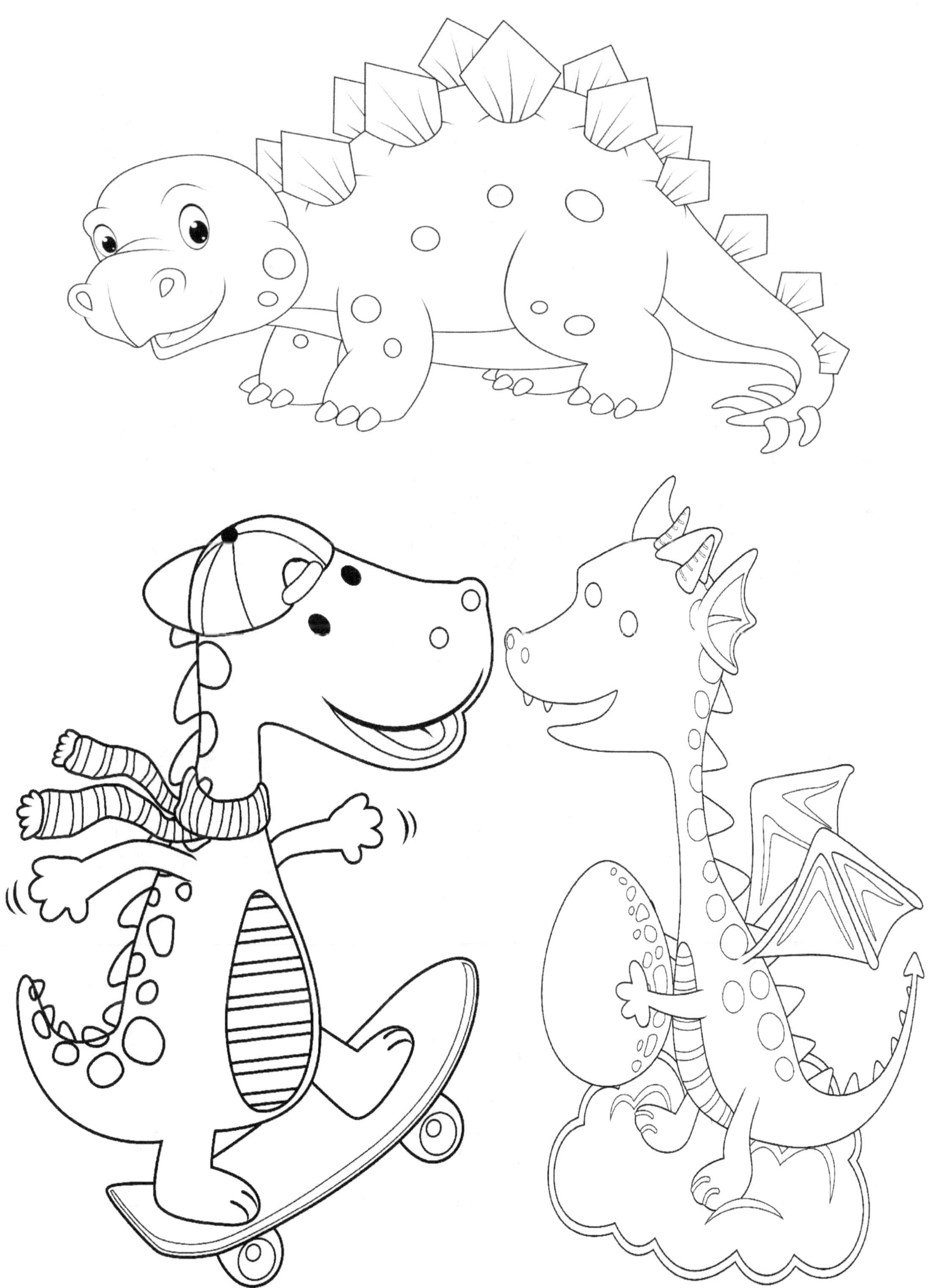

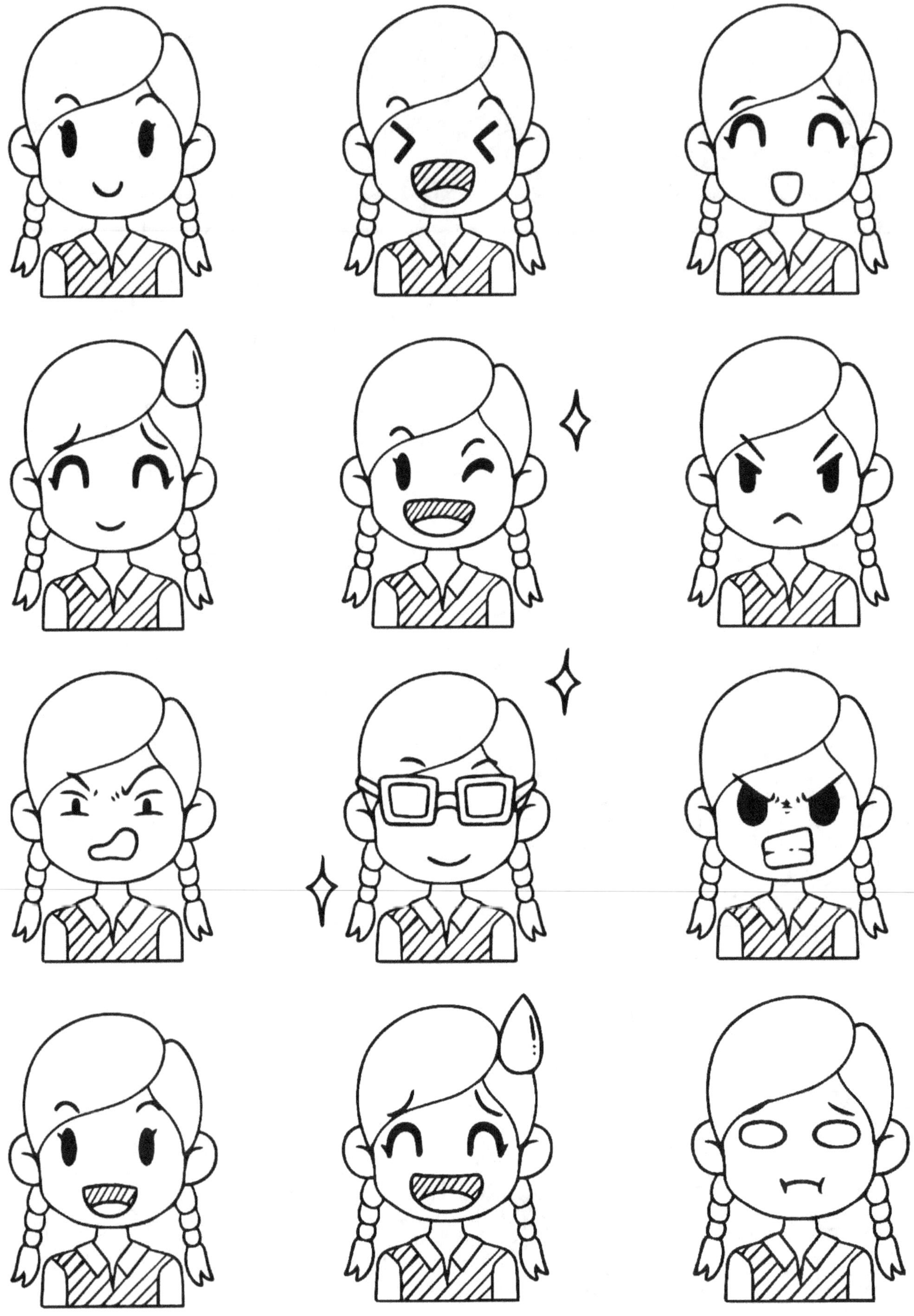

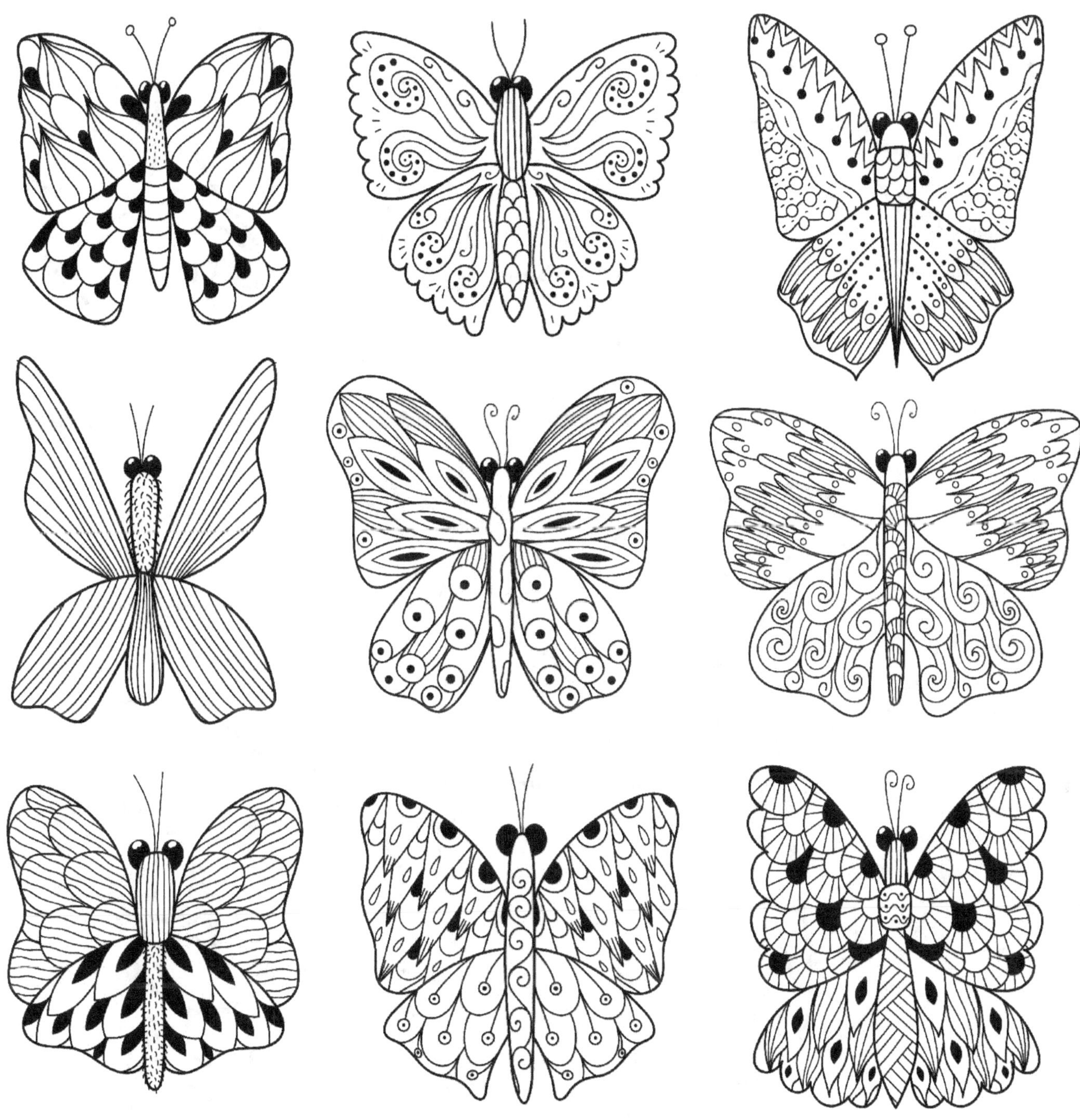

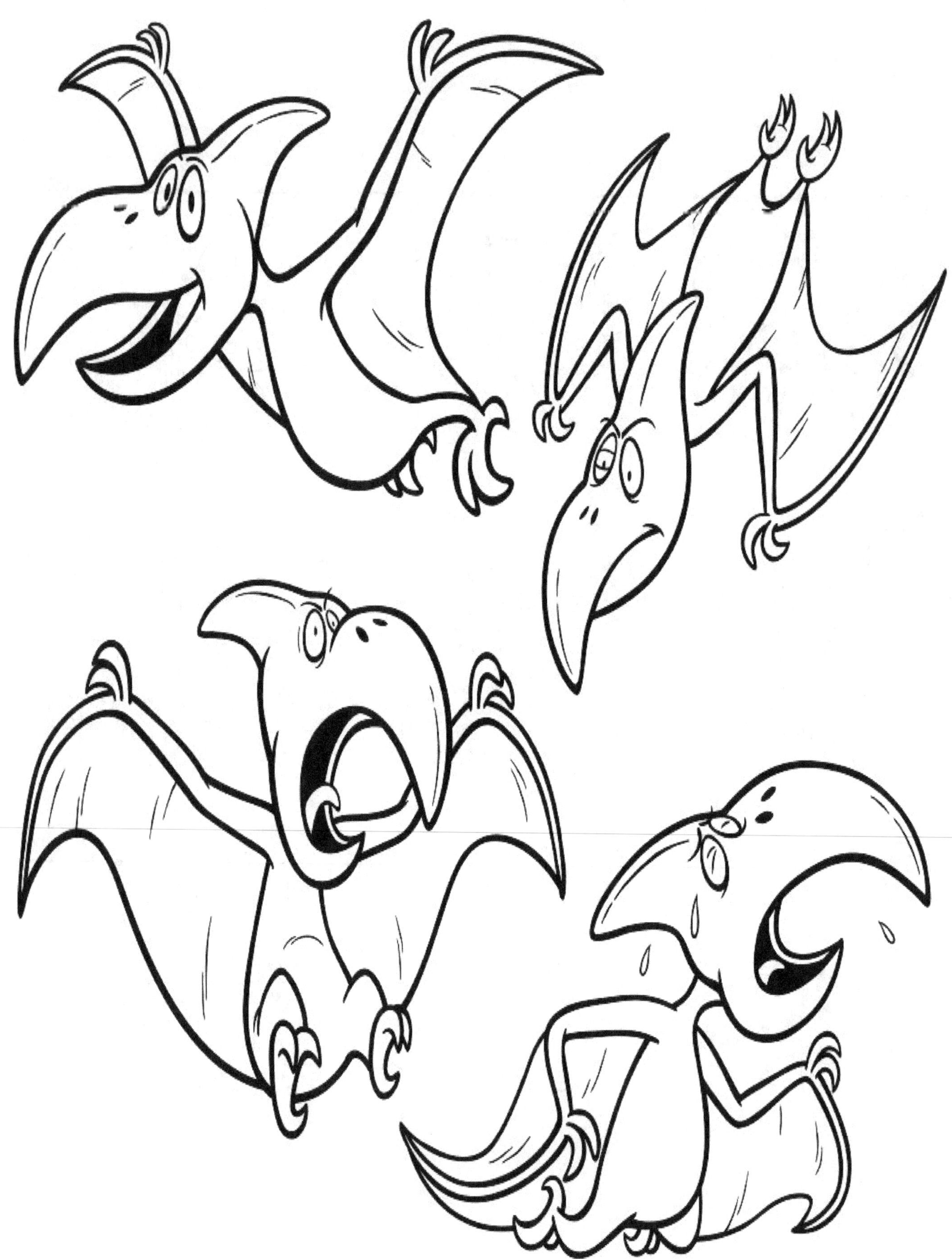

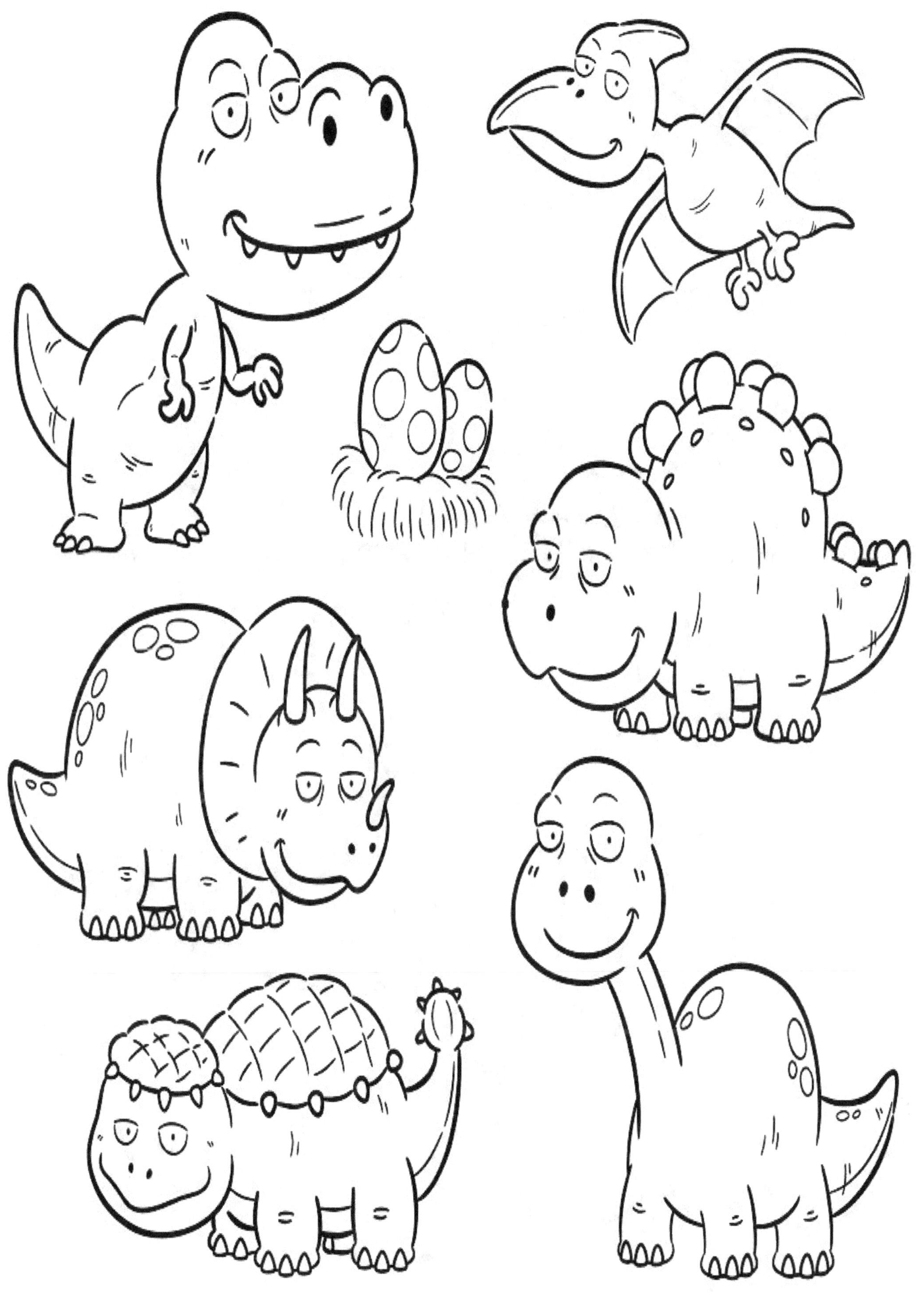

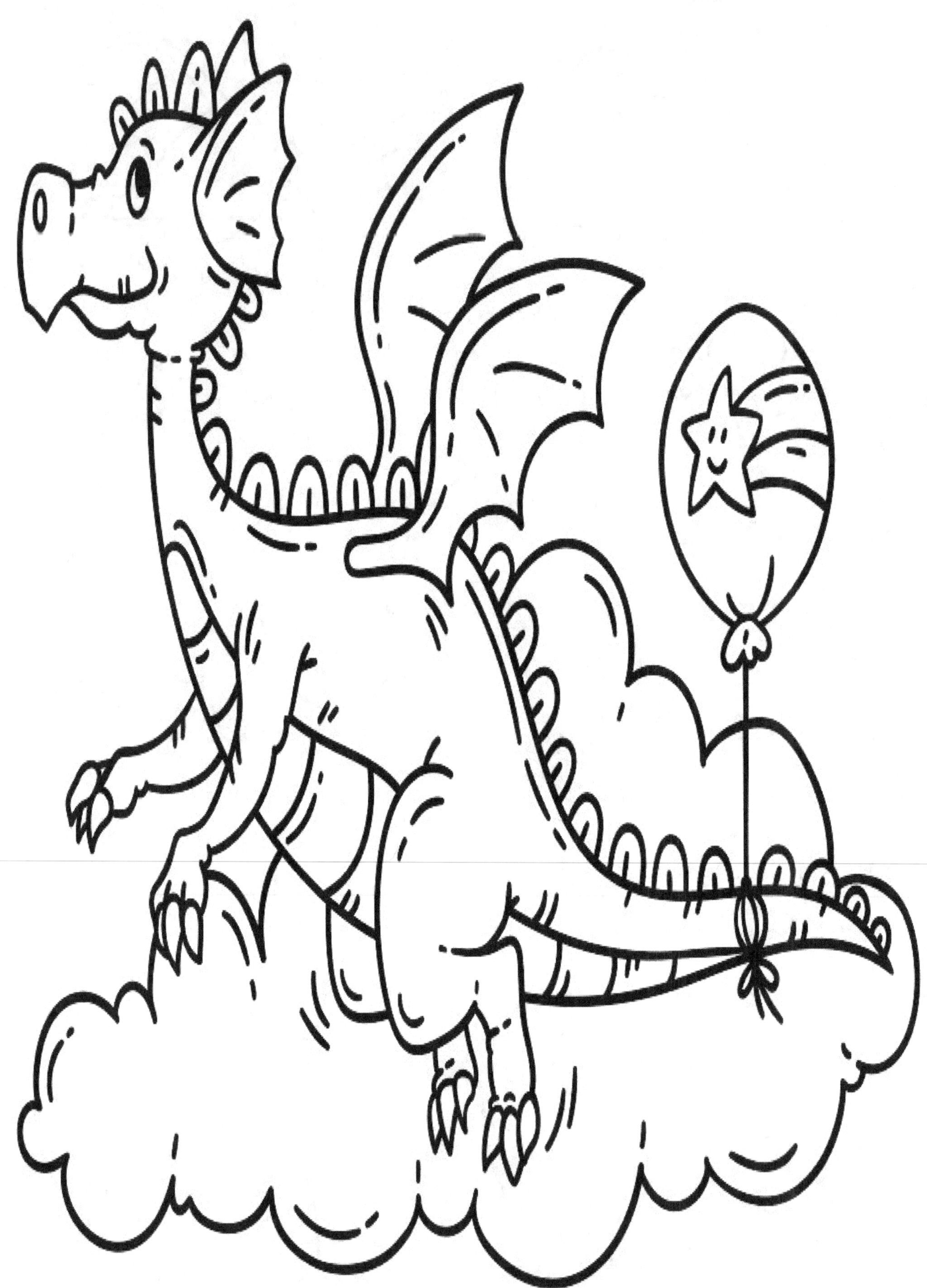